SE PERFECTIONNER

L'IDÉAL

Louis ROUZIC

AUMÔNIER " RUE DES POSTES

SE PERFECTIONNER

L'IDÉAL

PARIS

P. LETHIELLEUX, ÉDITEUR

10, RUE CASSETTE, 10

LETTRE-PRÉFACE DE S. G. Mgr DUPARC
ÉVÊQUE DE QUIMPER ET DE LÉON
A L'AUTEUR

———

ÉVÊCHÉ
DE
QUIMPER ET DE LÉON

Quimper, le 14 déc. 1910.

Monsieur l'Aumônier,

Votre appel à l'Idéal évoque devant vos jeunes gens des visions « d'Archanges ».

Vous avez raison de vouloir donner à leur vie baptisée des ailes fortes et hardies.

Pour les âmes qui comprennent la noblesse de leur origine et de leur fin, le mouvement le plus conforme à la vocation reçue au baptême est l'essor vers Dieu. C'est la condition même du progrès. Si l'on se résigne à la vie médiocre, l'aile se brise ou se souille à tous les contacts, et l'avenir est manqué.

Il faut donc prêcher à la jeunesse l'Idéal. Il n'y en a qu'un de vrai. Vous l'indiquez avec précision. Vous le placez très haut. Mais tout chrétien peut l'atteindre, si l'idée du devoir complet anime sa vie. Vous n'en cherchez pas l'exemplaire en dehors de la réalité, puisque vous le montrez dans Notre-Seigneur Jésus-Christ, qui fut homme autant que Dieu, et dont l'imitation est l'objet essentiel de tout effort surnaturel.

L'Idéal ainsi compris est-il bien nouveau? Heureusement non. Ceux qui veulent faire du nouveau sur ce thème antique sont de la fantaisie ou du paganisme. Nous autres prêtres, nous ne connaissons qu'un Idéal, vivant, puissant, profond, celui de l'Évangile.

Nous savons d'avance où il conduit. Il conduit toujours à faire passer le ciel avant la terre, et à n'obéir qu'à sa conscience, éclairée par l'Église de Notre-Seigneur Jésus-Christ. Il conduit à éviter toute défaillance, car Dieu serait plus sensible aux défaillances d'un croyant, et nous voulons à tout prix plaire à Dieu. Il conduit à n'avoir peur d'aucune fatigue et d'aucune souffrance. Il conduit, en un mot, à servir supérieurement Dieu et les hommes.

Un jeune à qui j'exposais ce programme me disait : « Vous voulez

me faire raisonner en illuminé. »
— « Non, je veux simplement vous
faire raisonner en chrétien et vous
faire agir comme vous raisonnez. »

Ni ce raisonnement ni cette vie ne
sont au-dessus de la vocation commune. Ils s'adaptent aux carrières
du monde comme à l'état religieux,
avec les variantes qu'entraînent les
différences de situation. Qu'on ne s'y
trompe pas. Toute âme, dans tout
l'état de vie, est appelée au genre de
perfection qui convient à sa condition propre. Si tant de catholiques
sont inférieurs à ce que Dieu attend
d'eux, c'est qu'ils oublient cette conséquence élémentaire de leur baptême et de leur foi, car la foi loyalement acceptée est un engagement
à la vie parfaite.

Si vos jeunes gens comprennent

cette maxime, les pouvoirs humains auront beau vider les cloîtres, les vertus claustrales trouveront moyen de s'épanouir dans le monde, en attendant de pouvoir revivre sans entraves, dans les monastères enfin reconstruits, sous l'égide de solides chrétiens qui auront été les libérateurs de l'Église persécutée, en même temps que les sauveurs de la société.

Vos leçons d'énergie, présentées avec tant de franchise et de charme, auront eu leur part d'influence dans cette œuvre de résurrection.

Les disciples qui vous écoutent et ceux qui vous liront sont à l'âge de l'enthousiasme déjà réfléchi. Puissent-ils tous faire honneur à votre apostolat et aux traditions de leur École, en orientant leur vie sur cet idéal sacré. Non seulement il les empêchera de s'égarer ou de déchoir, mais il les amènera à donner dans l'action toute la mesure de la force et de l'élan que Notre-Seigneur leur aura transmis par votre généreux ministère.

Avec ma bénédiction pour vous et vos lecteurs, recevez, cher Monsieur l'Aumônier, l'assurance de mes sentiments affectueux et dévoués en N.-S. J.-C.

† ADOLPHE,
Év. de Quimper et de Léon.

AVANT-PROPOS

Mon cher Ami,

Le petit livre intitulé *Se perfectionner* s'adresse au même lecteur que son devancier intitulé *Se connaître*. Il révèle la seconde condition à laquelle est soumise l'acquisition de la Sagesse : la conception et la poursuite d'un idéal.

Maintenant que vous vous connaissez, ô mon jeune Ami, et que vous connaissez les besoins, les passions, les illusions de votre temps, qu'allez-vous faire pour votre perfectionnement personnel et pour le bonheur de vos contemporains ?

Car vous n'avez pas le droit de vous arrêter là. Le catholicisme aime ceux qui marchent ; il place toujours devant nos aspirations une nouvelle terre et de nouveaux cieux ; il déconseille les plaisirs et les résultats faciles ; il met le bonheur au prix du sacrifice. Volontiers il ferait sien ce conseil d'un moraliste : « Il faut parfois laisser les anges pour que les archanges viennent. »

Je sais que vous comprenez ces choses ; je pourrais vous dire ce que disait le vieux Platon à l'un de ses disciples : « Votre âme est à même de voir la beauté parce qu'elle est belle elle-même. »

Vous devez avant tout vous souvenir du but de la vie et chercher le meilleur moyen d'atteindre ce but.

Je vous rappelle très clairement

que le but de toute vie d'homme est Dieu. Dieu est le principe et la fin. Et le chemin, quel est-il ? Notre-Seigneur Jésus-Christ répond dans l'Évangile : « Je suis le chemin. » Vous rejoindrez donc le but en faisant de votre vie une copie aussi parfaite que possible de la vie du Christ.

Or, quelles sont les grandes lignes de la vie du Christ?

Il a rempli exactement son devoir d'état. A douze ans, il expose son programme de vie : « Je dois me donner à la mission que m'a confiée mon Père. » C'était la réconciliation de l'homme avec Dieu.

Il était soumis à ses parents... Il progressait en sagesse, en âge et en grâce devant Dieu et devant les hommes.

Il portait en toutes choses un

amour de Dieu et des hommes qui alla jusqu'à la mort.

Maintenant regardez votre idéal, Dieu ; considérez la voie qui mène à cet idéal, Jésus-Christ ; tenez compte de ce que vous avez constaté en vous-même et tracez votre plan de vie.

Jetez aussi les yeux autour de vous. Vous possédez la science, une éducation soignée, une foi éclairée, une grande fortune, un nom honoré ; vous avez, du moins, quelques-uns de ces avantages ; vous aurez bientôt une belle carrière : ce sont là des dons à faire valoir. Ils vous donnent les éléments précieux d'une influence à exercer, le moyen de vous occuper utilement des intérêts du peuple et des questions vitales qui agitent et préoccupent l'opinion.

Dans l'encyclique *Præclara*,

Léon XIII écrit que tous les actes de son pontificat lui ont été inspirés par la connaissance qu'il avait des temps et par la conscience des devoirs de sa charge. Apprenez de là quelle forme doit prendre votre action à l'époque actuelle. « Ici est le grand point, vous dit le P. Gratry. Savoir ce qu'en ce siècle même vous devez à votre patrie et au genre humain tout entier, ne pas seulement avoir au cœur le dévouement, l'héroïsme peut-être qui est en vous ; mais savoir comment doit s'appliquer la bonne volonté du devoir », maintenant auprès de vos camarades ; plus tard, auprès de vos ouvriers, de vos soldats, de vos pairs.

Ainsi votre vie individuelle et sociale sera orientée.

Que s'ensuivra-t-il ?

La lumière éclairera votre route ;

vous serez sans cesse stimulé à l'effort par la vision du but; toutes vos actions seront unies entre elles par le fait de leur tendance commune, tous vos pas vous mèneront à Dieu et vous rapprocheront du moment où vous serez le bienfaiteur de vos frères ; les petits et les grands efforts, les petites et les grandes victoires de chaque jour contribueront à dégager en vous l'image de la divinité, que tout homme porte en son âme. Il n'y aura dans votre vie ni hiatus, ni incohérence, ni désordre; j'ose même dire qu'il n'y aura pas d'ennui. Sans doute l'œuvre d'aujourd'hui est obscure : elle est obscure aussi l'œuvre de l'artisan qui creuse des fondations et pose des assises qui, sans paraître au dehors, n'en seront pas moins cause de la solidité et de la gloire de l'édifice.

Voyez-vous, on peut partager les jeunes gens en deux classes : ceux qui ont un idéal et ceux qui n'en ont pas. Les premiers possèdent une source de clarté, de force et de jeunesse qu'aucune difficulté, aucun obstacle ne parviendra à tarir, au cours de la vie. Ils peuvent jeter ce fier défi :

Tu ne glaceras pas mon cœur dans ma poi-
[trine ;
Je le rallumerai par un constant effort :
Debout, je défendrai cette flamme divine,
Tu ne prendras ma vraie jeunesse qu'à la
[mort

Les seconds, quoique parfois aussi bien doués, ont une vie stérile et souvent malfaisante parce qu'ils ont gaspillé, dans la paresse et l'indiscipline, de précieuses richesses d'intelligence et de cœur.

Je vous fis ces réflexions et beaucoup de celles qui sont dans les

pages suivantes un soir où, décou-
ragé, vous étiez venu chez moi.

Vous me disiez : « Mon âme a
des élans qui dépassent le sec programme de mes études ; ma volonté se trouve captive dans les
mailles étroites du règlement, mon
imagination est attirée dans des
pays enchantés, mon cœur...

Tout le grand ciel bleu n'emplirait pas mon
[cœur.

Et il me faut m'occuper sans
cesse de mathématiques, de physique, de chimie, m'astreindre aux
minuties contrariantes de la règle,
au milieu de camarades dont plusieurs sont aussi désenchantés que
moi. Ah ! j'ai besoin de quelque
chose qui me transporte, qui domine mes pensées et mes affections, qui m'élève au-dessus de
moi-même et des autres, sur des
sommets où l'air soit plus respi-

rable, d'où l'horizon s'étende plus radieux et plus lointain.

Vous étiez plus confiant et plus fort après avoir entendu la leçon de l'idéal; en quittant, vous disiez même que vous possédiez la lumière désirée, que vous sentiez la possibilité de l'effort, que vous entrevoyiez de l'utilité, voire une certaine grandeur, dans la monotonie et l'austérité de votre vie écolière. Aussitôt vous vous adonnâtes à la tâche qui venait de vous apparaître. Au bout de quelques jours, vous m'apportiez votre idéal, votre programme de vie. Plus tard vous me disiez cette belle parole : « Je sens que mon âme vit maintenant de sa vraie vie et qu'elle habite des régions plus hautes et plus joyeuses que celles où l'entraînaient jadis tous les rêves de mon imagination. La pensée de l'idéal m'a ouvert une prise sur la vie de devoir et sur l'éternité : je possède la source divine au fond de mon âme. »

J'ai écrit, en souvenir pour vous, et en exhortation pour vos jeunes frères, notre entretien d'alors.

J'ai redit la nature et les avantages de l'idéal ; la nécessité d'avoir un idéal et de chercher sans cesse à s'en rapprocher.

PREMIÈRE PARTIE

L'IDÉAL EN GÉNÉRAL

L'IDÉAL EN GÉNÉRAL

CHAPITRE PREMIER

Nature de l'idéal

I

FAUSSE NOTION DE L'IDÉAL

« La grandeur des actions humaines se mesure à l'inspiration qui les fait naître. Heureux celui qui porte en soi un Dieu, un idéal de beauté et qui lui obéit : idéal de l'art, idéal de la science, idéal de la patrie, idéal des vertus de l'Évangile. Ce sont là les sources des grandes actions et des grandes pensées.

Toutes s'éclairent des reflets de l'Infini ».

Pasteur prononça ces paroles le jour de sa réception à l'Académie ; il s'en inspira toute sa vie. Tout jeune homme devrait les méditer souvent, les vivre toujours.

Qu'est-ce que l'idéal, quelle signification donner à ce mot magique et sonore ?

Dans la réponse, à côté de la solution juste, il se glisse parfois des notions erronées ou insuffisantes qu'il faut d'abord écarter. Quelques-uns opposent l'idéal au réel. Ainsi fait Renan, lorsqu'il parle de ranger Dieu dans la catégorie de l'idéal.

Il en est qui appellent idéal les systèmes philosophiques, politiques et littéraires des grands écrivains ou encore les différents courants d'opinion qui traversent un siècle et le séparent en autant d'époques ou de périodes. Ainsi, dans le premier cas, l'autorité sera l'idéal de Brunetière; la justice, celui de Proudhon; le sacrifice de l'individu à l'espèce, celui de Shopenhauer; l'impérialisme, celui de Kipling; la force, celui de Stendhal; le positivisme pessimiste, celui de Taine; le positivisme catholique, celui de Bourget; le culte de la terre natale et des morts, celui de Maurice Barrès. Dans le second cas, l'individualisme est mis à la mode par la Révolution et règne encore sur beaucoup d'esprits, tandis que depuis trente à quarante ans, un mouvement se produit en faveur de l'association sous toutes ses formes.

D'autres considèrent l'idéal comme la poésie des choses, la transfiguration plus ou moins éthérée des réalités de la vie. Dans la toile de Detaille, la réalité de la guerre ce sont les longues files de soldats qui, au soir tombant, sillonnent la plaine froide et silencieuse ; l'idéal c'est la course brillante que font les cavaliers dans l'azur lumineux, au sommet du tableau. Pour d'autres encore, l'idéal est la conception plus ou moins vulgaire qu'ils se font de l'emploi de la vie. Écoutez-les dire : Mon idéal, c'est telle ou telle variété du plaisir, ou bien c'est l'acquisition de la fortune et des honneurs, ou bien c'est le repos, ou bien c'est l'action sans autre but que de s'agiter. Nous pouvons les croire sans peine lorsqu'ils nous disent que leur idéal n'est pas très élevé.

Tous ceux-là sont condamnés par un écrivain qui maltraita souvent l'idéal, mais qui, contraint par la force des choses, écrivait une fois : « Vivre, ce n'est pas glisser sur une surface agréable, ce n'est pas jouer avec le monde pour y trouver son plaisir ; c'est consommer beaucoup de belles choses, c'est concevoir, c'est espérer, c'est aimer, c'est admirer, c'est bien faire. Celui-là a le plus vécu qui, par son esprit, par son cœur, par ses actes, a le plus adoré. » (Renan.)

II

DÉFINITION DE L'IDÉAL

Dans les définitions précédentes, nous n'avons que le faux idéal, et même la négation de l'idéal. Aussi la question se pose encore : Qu'est ce que l'idéal ?

L'idéal, c'est l'idée lumineuse et vivante du but que nous voulons atteindre et des moyens que nous avons choisis. Selon une remarque d'Edouard Rod, « tout homme porte en son cœur une image embellie de soi-même, un moi dont son imagination atténue les défauts, perfectionne les perfections, le moi qu'il voudrait être ».

Il y a un idéal de toutes choses. Le soldat, l'ingénieur, le peintre ont leur idéal. On demandait à Coppée : « Quel est votre idéal ? » Il répondit : « J'en ai plus de vingt. » Au-dessus de tous ces idéals particuliers, s'élève un idéal qui sollicite tous les hommes dans toutes les circonstances de la vie, et est destiné à les conduire, par le chemin du devoir, au degré de perfection que Dieu a fixé à chacun.

Il est bien entendu que nous n'envisageons pas seulement l'idéal du beau ou l'idéal du vrai, mais encore l'idéal du bien. Le désir de la science, l'amour du beau sont choses légitimes, mais l'amour de la vertu se place au-dessus de tout. Beethoven avait raison lorsqu'il désirait être « plus grand comme homme que comme artiste ». Tout sera bien si, en nous, le chrétien est encore plus grand que l'homme.

La première remarque à faire, lorsqu'on parle d'idéal, c'est qu'il est question de quelque chose d'élevé, de quelque chose de transcendant à l'homme. Il n'y a pas ici de catégories sublimes et de catégories basses. Il n'y a qu'une classe d'idéal. L'idéal est nécessairement en haut. Devant son bloc de marbre, le sculpteur de La Fontaine peut se demander : « Sera-t-il dieu, table ou cuvette ? » mais devant la vie humaine à modeler, un seul idéal se pose : le bien dans toute sa perfection.

Alors le poète,

Vibrant à l'idéal dans un élan suprême,

s'écrie :

Je ne veux pas aimer comme on aime ici-bas
Et ce cœur façonné pour un élan sublime
Tant qu'il pourra monter, ne se posera pas.

Le jeune homme qui éloigne de

soi toute pensée de fierté, de dévouement, d'abnégation, qui rejette loin de soi toute notion d'effort n'a pas le droit de parler d'idéal. De même, celui dont le rêve est de faire deux parts de sa vie, d'en consacrer une seulement au devoir, comme s'il y avait un digne pendant ou un à-côté légitime du devoir, et de livrer l'autre en proie à toutes les formes de la vanité et de la sensualité. « Ce n'est pas sur la terre que je cherche mon Christ », répétait Léonard de Vinci, durant les onze années où il chercha la physionomie du Christ de son admirable Cène. L'idéal ne se trouve pas non plus dans la vulgarité ou la médiocrité ; il ne se trouve dans rien de purement terrestre.

Quel est cet idéal et par quelle marche chercher à le rejoindre ?

III

DIEU, VÉRITABLE IDÉAL

L'idéal véritable ne sera pas une abstraction, mais plutôt la perfection de la réalité. Si l'idéal n'existait pas en soi, il ne serait qu'une poétique conception de notre esprit, incapable de soutenir nos efforts vers le bien. Idéaliser un être n'est pas le détruire, c'est lui ôter toute limite et l'affranchir de l'imperfection.

Un de nos académiciens écrivait récemment : « L'idéal est un mot vide de sens, à moins de signifier la plus haute expression du réel. » (Doumic.) L'idéal possédera la plénitude du vrai, du beau et du bien. On l'a dit : « Plus l'homme monte haut dans la pensée et dans l'amour, plus aussi l'objet de sa pensée et de son amour semblent s'évanouir et disparaître dans les profondeurs insondables de l'Être parfait et éternel de qui nous sommes nés et que ce serait déjà un sort enviable de pouvoir chercher sans relâche à travers les siècles. C'est l'espoir de le chercher qui attire l'âme vers des mondes invisibles, l'emporte au delà du présent, l'entraîne du passé à l'avenir, désireuse de vivre en compagnie des saints et des héros disparus...

« Dieu très haut, Dieu très bon, source de tous les êtres, leur père, leur guide, leur nourricier, du fond de l'int... misère et de l'infinie souffrance, nous portons nos regards vers to. C'est toi qu'implorent notre foi, notre espérance, notre amour, notre détresse et notre désespoir. Nous ne pouvons ni embrasser ton être ni comprendre tes voies ; mais nous savons que tu es vérité, bonté, beauté, puisque, en même temps, tu es avec nous, et nous vivons en toi... Tu es, tu as toujours été, tu seras à jamais, ton regard demeure sur nous, soit que nous vivions, soit que la mort nous prenne. » (Mgr Spalding.)

C'est après Dieu qu'aspirent toutes nos faims et toutes nos soifs d'âme ; c'est lui que nous cherchons toujours, même à travers de malheureuses déviations de pensée et d'affection. Notre intelligence et notre cœur ne peuvent se reposer qu'en lui. Lorsque nous voulons nous arrêter dans les joies vulgaires ou à mi-hauteur des ascensions vertueuses, nous entendons un écho de la grande parole d'Augustin : « Vous nous avez créés pour vous, ô mon Dieu ; en vous seul est la paix. Partout ailleurs nous ne rencontrons que l'inachevé et le fragile, et nous restons inassouvis et froissés. »

« Vous croyez chercher la vérité, le bonheur et la liberté, disait le converti Johannès Joergensen aux jeunes nietzschéens danois ; mais, en réalité, ce ne sont là que des prétextes que vous vous donnez pour ne pas envisager sérieusement le problème de votre vie. J'ai moi aussi cherché la liberté, la vérité, le bonheur : je les ai cherchés plus passionnément que vous, plus obstinément, sans pouvoir m'arrêter que je ne les eusse trouvés : et je ne les ai trouvés que le jour où je suis revenu à la foi chrétienne. »

L'idéal absolu est Dieu, centre

et foyer de toute perfection auquel rien ne peut s'ajouter, rien ne peut être ôté. Dieu est le principe de tout : il a tout créé. Il est le terme de tout : il a tout créé pour lui. Partis de Dieu, nous devons donc aller vers Dieu. Mais aller vers Dieu, est-ce autre chose que prendre de lui ce qu'il nous est donné d'en prendre, que participer chaque jour davantage à sa justice, à sa bonté, à sa sainteté, à sa perfection, à lui en un mot, car, en Dieu, les attributs sont l'être même ?

Admettons ce but de notre vie, Dieu. Reconnaissons que le moyen d'aller vers ce but, est de communier chaque jour à la vie divine, Dieu ne pouvant s'atteindre que par Dieu. Autrement nous sortons de notre religion. L'Évangile ne nous dit-il pas : « Soyez parfaits comme votre Père céleste est parfait ? »

Plus de doute sur le devoir à remplir, sur l'exemple à suivre. La beauté morale absolue, la beauté de Dieu même, voilà l'idéal de la vie.

———

IV

JÉSUS-CHRIST ET L'IDÉAL

D'ailleurs, si nous objectons que
nous ne pouvons atteindre Dieu
que par des abstractions intellectuelles, ou que les phénomènes de
la création ne nous le font pas
suffisamment connaître, si les cieux
et les autres œuvres de ses mains
ne nous racontent pas assez clairement sa gloire et ne fournissent
pas à nos tentatives d'imitation un
élément assez accessible ou assez
précis, que fera Dieu, ou plutôt,
qu'a-t-il fait? Il a fait ce qui parais-
sait impossible, il s'est mis en rapport personnel avec la nature

humaine, il en a pris tous les attributs, il est devenu pour l'humanité un exemplaire, humain autant que divin. Nous avons eu et nous avons toujours Notre-Seigneur Jésus-Christ. Saint Thomas l'appellera « la cause exemplaire, l'arche de l'idéal ». En lui, nous constatons l'accord, visible cette fois, de l'idéal et du réel, nous avons le Dieu parfait et l'homme parfait.

V

LE MAÎTRE ET LE MODÈLE

Au fond, quel est, par rapport à nous, l'œuvre du Christ ? Lui le sait. Or, il a dit : « Je suis venu donner la vie. Je suis la vie. » La vie qu'il donne c'est la sienne. Si nous le voulons, elle circule en nous comme une sève mystérieuse. « Je suis le cep, vous êtes les sarments. » Le nom de cette vie, maintenant, c'est la grâce sanctifiante. Au ciel, ce sera la vision intuitive. Ici et là, c'est une participation à la vie divine, une sorte de divinisation.

Avec Jésus-Christ, l'idéal n'est plus seulement un être réel mais invisible, un esprit investi de toutes les perfections mais inaccessible à nos sens, il est devenu visible au monde, il s'est mis à même d'entrer sans cesse en communication avec nous par l'Évangile, par le Crucifix, par l'Eucharistie.

C'est la plus grande nouveauté que les hommes aient connue. Avant et après, quel état et quel état! Quelle nouvelle conception ou plutôt quelle révélation de la dignité de la vie humaine!

Nous avions besoin d'un maître, d'un exemple, d'un ami. Jésus-Christ s'est présenté à nous.

Il nous a dit : « Apprenez de moi. » Et dans « le Sermon sur la montagne », il nous a tracé l'idéal moral suprême.

Enseigner ne lui suffit pas. Il se

sent trop loin de nous dans la chaire du docteur. Aussi l'évangéliste observe-t-il : « Il commença par agir, puis il instruisit. » « Je vous ai donné l'exemple, remarque-t-il lui-même, afin que vous fassiez ce que j'ai fait moi-même. » Exemple donné par le Christ, exemple à suivre par nous. Feuilletons l'Évangile, regardons la croix, agenouillons-nous devant le tabernacle. Regardons, réfléchissons. Qu'a été notre modèle ? Qu'a-t-il dit ? Qu'a-t-il fait ? Qu'a-t-il souffert ? Comment a-t-il vécu ? Comment est-il mort ?

Un jeune homme écrivit un jour cet interrogatoire qu'il relisait sans cesse :

« Ai-je vécu en chrétien aujourd'hui, c'est-à-dire, en homme de l'éternité, conforme à Jésus-Christ et ennemi du péché ? Ai-je refusé de participer à la croix de mon Maître, à son humilité, à sa douceur et à sa patience vis-à-vis de Dieu, de mon prochain, de moi-même ? A sa mortification intérieure et extérieure dans mes pensées, dans mes imaginations, dans mes paroles, dans mes regards, dans mes actions ? A sa pureté, évitant toute occasion et toute liberté ? A son obéissance, ne cherchant en toutes choses que la volonté de Dieu ? A sa religion envers son Père, dans toutes mes actions ? A son esprit de sacrifice et de dévouement ?

Suis-je conforme à Jésus-Christ en mon intelligence : pensées, intentions, comparaisons, jugements ? En mon cœur : affections, antipathies, inclinations ? En mes paroles ? En tout mon extérieur ?

Ai-je cherché en toute cette journée la gloire de mon Maître ? »

Ce jeune homme avait compris que la norme de notre vie entière est de réaliser une imitation personnelle du Christ. Car, encore une fois, le terme que le catholicisme assigne à notre perfection est la perfection suprême.

Rien de plus haut, de plus stable; rien aussi qui réponde mieux aux aspirations qui sont dans notre âme. Chercher ailleurs ne constitue pas seulement une déchéance mais conduit à d'inévitables désillusions. Dès lors, quand nous parlerons d'avoir un idéal, de nous proposer un idéal, que sera-ce dire ? Dire que nous prenons le moyen d'aller vers Dieu, que nous voulons une forme de vie capable de nous acheminer vers ce but, que Dieu est le modèle et comme le mètre auquel nous voulons nous conformer.

> ... La terre est le chemin
> Le but est l'infini, nous marchons à la vie,
> Là-bas une lueur immense nous convie.
>
> VICTOR HUGO.

VI

IDÉALS INTERMÉDIAIRES
LES SAINTS

Oui, le principe fondamental du christianisme est de suivre Jésus-Christ pour ressembler à Dieu.

Si, même humanisé en Notre-Seigneur Jésus-Christ, l'idéal nous paraît trop lointain, il y a des échelons : les saints d'abord. Paul disait : « Soyez mes imitateurs, comme je le suis moi-même du Christ. » Indirectement, la vie de chaque saint nous fait la même exhortation. Le saint, initialement un homme comme nous, avec toutes les faiblesses et toutes les impuissances que nous déplorons en nous, s'est rapproché chaque jour, peu à peu, de celui qui est la force, la vertu, de Jésus-Christ.

Que d'âmes ne se sont élevées au-dessus d'elles-mêmes et n'ont gravi les pentes de la sainteté que parce qu'un grand exemple est venu les tirer de leur sommeil ou de leurs rêves et les provoquer aux nobles choses !

La vocation d'Ignace de Loyola est très frappante à ce point de vue. Le 21 mai 1521, au début de la guerre qui se livrait entre François Ier et Charles V, un jeune et brillant capitaine de cavalerie reçoit une blessure sous les murs de Pampelune. Condamné à la réclusion, il demande des livres. Il désire entre autres l'*Amadis des Gaules*, roman de chevalerie très en vogue à l'époque. On lui apporte la *Fleur des Saints*. Il ne se fâche pas. Il lit. De merveilleuses physionomies, illuminées par la grâce, passent devant lui. Il n'était guère familiarisé avec cette compagnie. Deux figures surtout le captivent, celles de deux fondateurs d'ordres : François d'Assise et Dominique Guzman. Quels cœurs aimants! Quels conquérants à l'allure, pour lui, nouvelle! Il est émerveillé, puis troublé, puis changé. « Eh quoi! se disait-il, si je faisais moi aussi ce qu'a fait saint François ? si je faisais ce qu'a fait saint Dominique! »

Il roulait dans son esprit maint projet, se proposant toujours des choses grandes et difficiles; et en y réfléchissant, il croyait sentir en lui la faculté de les accomplir, sans autre motif que celui-ci : « Saint Dominique l'a fait, je le feral donc ! Saint François l'a fait, je le ferai aussi ! » Et son dernier biographe nous le montre travaillant au perfectionnement de son âme avec cet amour patient du détail soigné et enjolivé qu'on retrouve dans toutes les œuvres de la Compagnie.

Plus tard, voici Vincent de Paul, l'un des plus purs joyaux dans la galerie de nos saints français et de tous les saints.

Il était, par nature, violent et impérieux. Résolu à se dompter, il n'y parvenait d'abord que par une contrainte de tous les moments qui lui donnait un air sombre et rechigné. Mais il rencontre François de Sales, la douceur et la grâce en personne. Il a trouvé son modèle. Il le suit avec tant de fidélité que les contemporains se demandent lequel des deux l'emporte en suavité et en bonté.

A chaque instant des faits semblables se reproduisent dans l'histoire des âmes.

Ces idéals intermédiaires ont un rôle indéniable d'utilité. Les cimes se gravissent pas à pas et l'on va d'un plateau à un autre. De même, il y a avantage pour nous à considérer ceux qui marchent avec plus de vaillance dans la vie où nous sommes engagés : un chrétien supérieur, un ingénieur de haute valeur, un militaire de grand courage, un prêtre plus zélé...

« Quelle que soit la carrière que vous embrassiez, disait Pasteur à une réunion d'étudiants, proposez-vous un but élevé. Ayez le culte des grands hommes et des grandes choses. »

En effet, la vie des grands hommes nous retrace la leçon et

l'exemple du devoir. Elle nous les montre eux aussi à la poursuite d'un idéal. Elle nous prêche l'unité du but et la vigilance à tout réduire en moyens, vertus et défauts, joies et tristesses, pour s'avancer d'un pas plus sûr vers le but immortel qu'on s'est fixé ; la nécessité de faire des sacrifices pour le succès de l'idée ; l'obligation de se dévouer jusqu'à l'immolation, afin que, par sa vie autant que par sa mort, l'idéal triomphe et que la vertu, parée de ce nouveau trophée, resplendisse plus radieuse et plus attrayante aux yeux des irrésolus et des faibles, selon le mot du poète :

Les rêves dont je meurs des fleurs en ont
[germé

Dans les livres de morale, le bien nous apparaît *in abstracto*, comme une froide entité; dans la vie d'un grand esprit et d'un grand cœur, il revêt une forme concrète et séduisante. On le voit d'abord à l'état de velléité peut-être, puis de résolution, puis de lutte et de conquête. La nécessité de l'effort s'y détache en relief puissant. Le rôle éducateur de la souffrance s'y montre aussi. Car la souffrance se rencontre plus aiguë ou plus fréquente dans toutes les nobles âmes. Par quel étrange mystère en est-il ainsi? Il semblerait que les hautes aspirations, les efforts incessants vers la perfection, les actions généreuses devraient éloigner la douleur. Non. C'est qu'elle n'est pas seulement le châtiment qui purifie, elle est un maître de progrès que rien ne remplace.

> Tu fais l'homme, ô douleur,

s'est écrié le poète. Elle fait aussi le héros, le chrétien, le saint.

Lorsqu'on l'a vue sévir dans la vie des grands personnages ou des hommes do bien, on s'étonne moins de sa visite et on sait mieux le profit qu'il faut retirer de son passage.

Choisissez donc le grand homme, le saint sur lequel vous voulez modeler votre vie ; ayez en votre possession sa biographie. Relisez-la sans cesse ; retenez ses paroles, méditez ses exemples, et chaque jour essayez-vous à reproduire les traits qui vous auront le plus frappé et qui seront le plus conformes à votre genre d'existence.

« La présence do tels hommes est vivifiante comme l'air des montagnes, leur parole est rafraîchissante comme une pure fontaine. Les avoir connus, c'est avoir profité. Fréquenter un saint est le moyen de devenir saint ; la société d'un vaillant caractère propage la vaillance ; celle d'un grand esprit propage la lumière. Le vivant seul produit le vivant » (Mgr Spalding). En tout ordre de choses, nous allons de l'admiration à l'amour et de l'amour à l'imitation. Lorsque Hippolyte Flandrin parlait de Raphaël, il semblait entrer en extase : « Raphaël ! Raphaël ! » s'écriait-il. C'était tout. Mais son silence révélait, mieux que toute parole, son culte enthousiaste. Et, autant qu'il le pouvait, il s'efforçait de reproduire le grand modèle.

Le devoir n'eût pas été suffisamment impératif, s'il était apparu dans l'abstration, ou sur les sommets de la divinité ; il triomphera de nos égoïstes résistances, quand nous en apercevrons une vivante image en une personne qui est toute proche de nous par sa nature, par ses origines, par ses occupations.

———

VII

LA FAMILLE ET LES AMIS

Et si nous avons besoin d'une étape entre le saint et nous, la famille et l'amitié nous offrent aussi leur secours.

La famille doit être une école d'idéal. Il a une grande avance sur la route de l'honneur et de la vertu celui qui est né de la race des honnêtes et des vertueux et qui, au foyer où il grandit, n'aperçoit, chaque jour, que des exemples de dévouement, de loyauté, de labeur, de piété ; celui qui peut adresser à son père et à sa mère cet hommage que Victor de Laprade transcrivait au début des *Symphonies* :

Jamais sous votre toit a[.] destin résigné,
Jamais un vil calcul ne me fut enseigné;
Comme au temps des aïeux, près du foyer
[austère,
J'ai vu briller l'honneur, pénate héréditaire;
Je vous ai vus marcher, en quittant mon
[berceau,
Vers cette fleur du bien qui s'appelle le
[beau...
En ce temps chimérique et de foi périssa-
[ble,
Heureux le fils qui, las de fonder sur le sa-
[ble,
Trouve encor chez les siens un immobile
[autel
Et marche à la clarté de l'honneur pater-
[nel !

A son tour, l'amitié, qui est une des meilleures joies de la vie, en est également l'un des plus puissants soutiens. Mais il faudrait plaindre une amitié où l'un des amis ne serait pas un idéal pour l'autre, une amitié qui ne serait pas, puisqu'à deux, une marche plus vigoureuse vers l'idéal. Ce témoignage est rendu, un jour ou l'autre, dans la vie de toute amitié : « Près de toi, je me sens élevé dans un ordre supérieur et spirituellement ennobli. » Un jeune agrégé écrivait : « Je suis incapable de formuler un idéal. Il y a quelque temps cependant (deux ans environ), j'avais essayé de rassembler quelques idées morales et de me les imposer comme règle de vie. Cet idéal (?) n'était pas bien élevé ; toute idée religieuse en était exclue, et j'ai vraiment honte quand je pense à ces résolutions d'antan. Eh bien ! quoique ces règles fussent peu sévères, je n'ai pas su les observer et je les ai abandonnées lâchement. »

Mais voici que tout près de lui, ce jeune homme rencontra, dans la personne d'un autre étudiant, un idéal vivant. A ce spectacle, les espérances, les rêves d'autrefois se réveillèrent, grandis et embellis. Le jeune agrégé qui, malgré ses dires, croyait aux belles choses, savait qu'il ne se trouvait pas cette fois en présence d'illusions plus ou moins généreuses. Il reprit sa plume et écrivit à son ami : « Je ne sais quoi me fait penser que moi aussi je pourrai bientôt t'appeler mon frère de lutte pour notre commun idéal. »

VIII

L'IDÉAL NE SE RÉALISE PAS

S'il pouvait se réaliser, il se dissiperait par là même. L'artiste ne donne jamais le tout de son rêve; lui-même ne le saisit pas entièrement. Si chaque généreux vouloir nous rapproche de Dieu, en mettant dans notre âme quelque lointain vestige de ce qui constitue ses attributs et sa nature : bonté, vérité, charité, pureté... chaque pas aussi nous le fait contempler dans une lumière plus radieuse et sur des sommets plus inaccessibles. Les

Anges qui, depuis des siècles, sont témoins de sa gloire, mettent toujours plus d'admiration dans le cantique de l'éternité : « Saint, Saint, Saint. » Et ici-bas, les plus purs des mortels sont aussi les plus humbles, parce que, plus près de Dieu que les autres, ils sont plus éblouis de sa splendeur. La parole, qui a été dite de l'idéal artistique, s'applique encore mieux à l'idéal moral : « Nous le poursuivons toujours, parce que nous sommes faits pour lui, nous ne l'atteignons jamais, parce qu'il n'est pas de ce monde. » Une comparaison prise des mathématiques se présente à nous : Nos tentatives les plus empressées ne pourront pas plus saisir l'idéal que les polygones inscrits dans un cercle ne peuvent atteindre la circonférence quoiqu'ils s'en rapprochent toujours.

Il s'agit, en effet,

De ce bien idéal que toute âme désire
Et qui n'a pas de nom au terrestre séjour.

L'idéal n'offre qu'une seule règle et qu'un seul modèle, mais règle et modèle appliqués aux dispositions personnelles de chacun. Toujours le même en soi, l'idéal varie dans ses applications avec les différents individus. Il est individuel en ce que son degré d'élévation et ses caractères se diversifient d'après l'élévation et le caractère de chaque homme.

CHAPITRE II

Les avantages d'un idéal

I

L'IDÉAL, SOURCE DE CLARTÉ

Un idéal bien choisi devient la grande lumière et le grand bienfait de la vie. Dans sa *Morale des Idées-forces*, M. Fouillée écrit : « Toute la série de nos travaux a eu pour but de montrer comment l'idéal pensé et aimé par l'homme pénètre au sein de la réalité. » Nous attendons cela de l'idéal. Nous lui demandons de faire descendre sa clarté inspiratrice sur nos pensées, sa joie et ses allégresses dans notre cœur, sa force fécondante dans notre sensibilité.

On l'a souvent remarqué : les grands hommes, les génies, les saints n'ont fait de grandes choses que parce qu'ils étaient inspirés par un grand idéal. L'historien Albert Vandal nous dit qu'Alexandre Ier rencontra le bien en poursuivant l'idéal. Au contraire, Berryer pense avec Lamartine qu' « il manqua trois conditions à Alfred de Musset pour être un grand poète : un saint amour, une foi et un caractère. » Ces trois conditions lui auraient fourni un idéal.

Ils dénaturent donc l'idéal ceux qui prétendent ne pouvoir le concilier avec les exigences de la vie pratique. L'idéal n'est pas ennemi de l'action, il n'est pas un fantôme caché dans le nuage et sans relation avec les tâches quotidiennes. Loin de s'opposer à la vie pratique, il y prépare de très près, en donnant leur plein essor à toutes les facultés de l'âme.

Il nous donne d'abord un but, ce qui est la première condition d'une vie consciente et droite. Si aucun chemin ne s'ouvre devant nous, c'est l'inaction ; s'il s'en ouvre plusieurs, c'est l'incertitude, la marche à l'aventure et, finalement encore, la stérilité et l'immobilité ; tout au plus la vulgarité. Dans ce dernier cas, nous nous mouvons, mais nous ne nous élevons pas, nous demeurons à un niveau médiocre. En vain marcherions-nous de la sorte pendant des siècles, nous continuerions de subir la tyrannie des basses réalités. L'homme qui possède un idéal sait où il va. Il est arraché à ce qu'on a nommé « l'affreuse mer de l'action sans but ». A travers le champ désigné à son labeur, il est guidé vers le terme de toute vie et vers le terme de sa vie à lui

II

L'IDÉAL, SOURCE DE FORCE

L'idéal ne nous atteint pas seulement dans les régions spéculatives et froides de l'âme. Lumière de l'intelligence, il est attrait pour la sensibilité. Il nous apparaît dans une vision de splendeur qui charme notre cœur et parfois le frappe jusqu'à le mettre en feu.

L'adolescent, que chante Albert Samain dans l'une de ses plus belles strophes, s'est longuement composé un idéal, et maintenant il y trouve l'emploi joyeux de toutes ses facultés :

Puisque la moisson croît pour l'éternel se-
[meur,
Puisque le lis fleurit en loyal serviteur,
Je veux donner ma vie à la Bonne Espé-
[rance,
A la règle, à l'effort, à la persévérance,
L'anoblir de sagesse, et de force l'armer,
L'alléger de prière, et toute l'enfermer
Dans la soif de comprendre et la splendeur
[d'aimer.

Dans les heures de tristesse, quand des voiles tombent sur notre âme et la couvrent de nuit, quand les rudes contacts de la vie nous meurtrissent ou nous ensanglantent, quand les ardeurs qui nous poussaient vers le bien sont refroidies, et quand sont éteintes les clartés de la route, quand nous ne voyons plus, autour de nous et en nous, que désenchantement, laideur et misère, l'idéal met un point lumineux et chaud dans notre vie, il réveille les hautes aspirations, les nobles sentiments et fait revivre les généreux enthousiasmes. « La rose imaginée, on en sent le parfum », a-t-on dit. L'idéal rappelé, on en ressent aussitôt l'aimable entraînement et la grâce victorieuse. Doublement exilé sur son rocher de Corbara, le P. Didon écrivait : « Je suis comme un pâtre sur la montagne ; je respire le grand air pur qui souffle là-haut. Je regarde les belles étoiles de Dieu qui envoie au sommet ses premiers rayons et qui les caresse de ses derniers. » « Je dois tout à l'idéal, disait Maurice de Guérin, puisqu'il n'y a pas d'autre mot pour exprimer l'ensemble de mes pensées ; je lui dois tout ce que j'ai encore de pur, d'élevé, de solide dans mon âme ; je lui dois tout ce que j'ai eu de consolations ; je lui devrai peut-être mon avenir. »

Elles ne manquent pas dans la vie du jeune homme les circonstances où, selon une expression d'Emerson, « on a besoin d'accrocher sa charrue aux étoiles »; les circonstances où pour persévérer dans l'effort, dans le rude et obscur labeur quotidien, pour triompher des contrariétés qu'offrent les hommes et les choses et sortir fort des déceptions et des trahisons, il faut les rayonnants espoirs et les attraits captivants d'un idéal. Aussi le poète a-t-il eu raison de donner ce conseil :

Ayez contre la vie à certains jours mé-
[chante
L'idéal qui sourit.

Car, ajoute un autre poète :

Tout rayon qui filtre d'idéal
Est autant de gagné dans l'âme sur le mal.

III

L'IDÉAL FAIT PRÉDOMINER LE BIEN SUR LE MAL

Ce labeur de l'esprit et de la sensibilité sur le schéma d'idéal a pour résultat de produire dans l'âme ce qu'on appelle en psychologie l'état fort et l'état faible. Quand une idée est profondément enracinée dans l'intelligence et s'y accuse en puissant relief, quand un sentiment très vif anime le cœur, cette prédominance de l'idée et du sentiment amène la diminution et même l'oblitération des états contraires. Car l'idée est semence d'action, le sentiment est déjà mouvement suggéré sinon imposé. « On sait, observe Tolstoï, que l'homme a la faculté de s'absorber tout entier dans un objet, quelque insignifiant que soit cet objet ; et l'on sait qu'il n'est pas d'objet, si insignifiant soit-il, qui, si l'on concentre sur lui toute son attention, ne grandisse à l'infini. » Quel est celui qui ne trouve pas dans sa vie, en nombre considérable, de ces états d'âme où toutes les facultés, concentrées avec force sur un point, le couvraient de lumière et d'attrait, et laissaient dans l'ombre et la faiblesse tous les points opposés, soit qu'il s'agit d'une étude, d'une affection, du concours prêté à une œuvre ou simplement d'un voyage. La chose est vraie en particulier dans le domaine de la vertu. « Un saint, aimait à dire le P. de Ravignan, est un homme qui a une idée fixe. »

Il est en notre pouvoir de produire en nous des « états forts » d'honneur, de volonté, d'humilité, de pureté, d'amour de Dieu... et de mettre en infériorité les états, dominants jusque-là, de lâcheté, d'orgueil, de sensualité, d'égoïsme.

Lorsque les regards fixent le vrai, lorsque le cœur éprouve pour la beauté de puissantes aspirations, tout n'est pas fait encore. Il reste à emporter la décisive victoire, ce qui est l'œuvre de la volonté.

Mais la volonté est une puissance qui se met en mouvement par elle-même, *vis sui motrix*. Le nier serait tomber dans le déterminisme. L'intelligence l'éclaire, la sensibilité la soutient, mais c'est elle qui décide et qui, dans son choix, peut aller à l'opposé de l'objet qui l'éclaire et qui l'attire. Que peut donc faire ici l'idéal ? L'idéal facilitera la marche ascensionnelle de la volonté en lui faisant voir que la vérité et la beauté sont aussi le bien, c'est-à-dire l'objet propre de la volonté. Dans la légende racontée par Ulhand, le voyageur qui s'en va vers la cité sainte de l'idéal, par des chemins abrupts et coupés de rochers, entend l'ange de Dieu lui crier sans cesse : « Comment te refuserais-je la force, t'ayant donné l'inspiration sublime? » L'idéal qui, en descendant des hauteurs de l'intelligence dans la région de la sensibilité, devient désir, sera lumière et attrait pour la volonté, et, tout en respectant sa liberté, l'inclinera sur la route du bien et continuera de l'y maintenir en rendant l'effort moins laborieux.

On finit par aimer tout ce vers quoi l'on
[rame.

Il semble bien que nous retrouvons toute cette doctrine dans les épîtres de saint Paul.

L'Apôtre avait son idéal, et c'était bien le point culminant des choses. Il le formulait ainsi : « Le Christ est ma vie. » Il le commentait ainsi : « Je suis un imitateur du Christ. » Il savait où il allait et par quel chemin. Aussi pouvait-il assurer qu'il courait (car sa vie était une course vers l'idéal plutôt qu'une marche), qu'il courait non à l'incertain, mais au but proposé ; qu'il combattait non en frappant l'air, mais en donnant des coups qui portaient. On sait quelle force jaillissait de là, qui lui permettait de défier la mort et la vie. On sait aussi sur quels flots de joie son âme était élevée : « Il surabondait de joie dans ses tristesses ; il se sentait tout-puissant dans son infirmité même. » En ces quelques mots de la vie de saint Paul, nous avons une doctrine complète de l'idéal.

A des degrés moindres, sans doute, l'idéal produira toujours ces résultats. Il demeure la source divine où nous puiserons la lumière divine qui élargira nos idées, le stimulant qui donnera une forme comme infinie à notre activité et le ressort qui aidera puissamment notre volonté.

IV

FORCE CONQUÉRANTE
DE L'IDÉAL

Non seulement l'idéal domine et enveloppe l'individu, non seulement il soulève toutes ses facultés et les monte au niveau du grand et du bien, il porte encore en lui une force de rayonnement, qui gagne tout un milieu et peut entraîner tout un peuple. Que de fois n'a-t-on pas vu un saint relever autour de lui les esprits abattus et communiquer à toute une foule désemparée l'ardeur qui la réconciliait avec le devoir et la portait au sacrifice ; un général enflammer de courage le cœur de ses soldats et les conduire à la frontière mutilée ; un orateur soulever des masses apathiques et les émouvoir de toute la force de ses propres émotions ? Que de fois n'at-on pas vu, dans un collège, un élève plus généreux et plus enthousiaste donner quelque chose de sa vertu et de sa flamme à un groupe de ses camarades ou à une division tout entière ?

Là, dans ce rayonnement incessant, dans cette contagion sainte est le triomphe dernier de l'idéal. Chercher un bien toujours plus grand, faire passer dans l'âme de ses frères le bien qu'on a déjà réalisé en soi constitue la récompense la plus suave de nos efforts passés et le meilleur encouragement pour nos luttes à venir. « Il n'y a rien de plus beau, affirme Beethoven, que de s'approcher de la divinité plus que les autres hommes, et de là répandre les rayons de cette divinité sur les autres hommes. »

Au contraire, lorsque l'idéal s'en va d'une âme, tout est fini pour cette âme. Avant ce dernier coup, l'homme avait pu multiplier les oublis et les chutes, il gardait toujours un principe actif de relèvement, il pouvait remonter plus haut dans l'honneur qu'il n'était tombé bas dans la honte, mais, ce coup porté, l'esprit, le cœur et la sensibilité demeurent sans élan. Celui qui n'a pas d'idéal ne marchera que lentement et gauchement sur les chemins et dans les besognes de la vie. Il sera tout au plus un bourgeois vulgaire et égoïste, sans aucune utilité pour les autres hommes. Il pourra laisser à ses enfants des sacs d'or plus nombreux que ceux qu'il aura reçus lui-même de ses pères, mais il n'aura aucunement augmenté leur patrimoine d'honneur. Le parti des généreux qui travaillent sans cesse au bien de leurs frères n'aura reçu de lui aucune aide, et l'humanité n'aura été allégée d'aucun de ses fardeaux ni provoquée à plus d'élan. La collectivité eût pu se passer de lui. Elle l'a porté comme un poids mort; bien plus, comme une charge onéreuse.

Ainsi l'idéal contribuera fortement à nous retenir sur la pente où, par le poids de notre nature viciée, nous tendons incessamment à glisser et nous relancera avec force vers la pratique du bien. Il nous donnera personnellement

« cette taille de l'homme parfait »
dont parle saint Paul et nous fera
monter vis-à-vis de nos frères à un
rôle utile, grand, noble.

—

CHAPITRE III

Avoir un idéal

I

LES ÉLÉMENTS
DE L'IDÉAL CHRÉTIEN

L'idéal a sa place dans toute vie qui veut grandir. Il a sa place surtout dans la vie des jeunes, car d'un côté, c'est au commencement du voyage qu'il faut s'orienter, et, d'un autre côté, si l'âme n'a pas tressailli aux grands appels dans sa première saison, comment plus tard pourrait-elle en être émue ? Alfred de Vigny, se demandant un jour ce que c'est qu'une grande vie, répondait ainsi : « C'est un rêve de jeunesse réalisé dans l'âge mûr. » « La vie, d'après un autre écrivain, c'est de donner sa fleur, puis son fruit. » La jeunesse est l'âge où la fleur se forme et peu à peu s'épanouit. Pour qu'un jour le fruit soit plus beau et plus savoureux, il est nécessaire que rien ne manque à l'ampleur et à la beauté de la corolle et à la saveur du parfum.

Il y a, chez l'adolescent, une foule de virtualités qu'il faut faire passer en actes, une multitude de tendances bonnes mais vagues et changeantes qu'il s'agit de préciser et de cristalliser. N'attendez point une autre époque. Vous n'en trouveriez pas de plus favorable. Si vous n'utilisez pas le flot montant pour provoquer votre âme aux ascensions vers le bien, pour vous donner et vous dévouer au devoir avec élan, avec enthousiasme, n'est-ce pas en vain que vous rêveriez des transformations pour plus tard ?

Les souffles héroïques ne passeront plus guère sur votre âme. Passeraient-ils qu'ils auraient de la peine à l'émouvoir. Vous la laissez s'endormir et, peut-être, mourir aux heures qui étaient surtout faites pour l'action.

Le Christ nous est apparu comme l'idéal qui s'impose à tout chrétien. L'idéal ne saurait plus être ce qu'il était pour le Grec et pour le Romain. Il n'est plus dans la force et dans la beauté physiques ou dans les subtilités de l'esprit. Entre Athènes, Rome et l'époque actuelle, il y a dix-neuf siècles de christianisme. Les dieux, les demi dieux et les héros de l'antiquité n'étaient pas même le plus souvent des demi-hommes. Ou plutôt l'idéal antique demeure, parce que c'est, en partie du moins, celui de la raison humaine, et que le chrétien est d'abord un homme ; mais il est corrigé et complété. Il n'est plus qu'un fondement sur lequel se superpose un édifice d'un style supérieur. Maintenant, la leçon d'idéal, c'est l'ensemble des préceptes que nous a donnés Jésus-Christ ; le modèle, c'est la personne de Jésus-Christ.

L'Évangile et le catéchisme, qui est l'Évangile mis en formules classiques, sont le code qui renferme les commandements d'idéal. On ne saurait trop les lire, les méditer, s'en imprégner. Il faut aussi revenir souvent aux pieds du Christ qui est si justement appelé « exemplaire de vie ».

II

CHACUN DOIT SE COMPOSER UN IDÉAL

En soi, l'idéal ne se divise pas, puisqu'il est la perfection. Mais, imparfaits que nous sommes, nous avons toujours besoin d'introduire des distinctions, d'établir des parties. La tâche semble par là rendue plus facile.

Ainsi, des âmes se sont toujours trouvées qui, à côté de l'idéal d'ensemble, ont pris, dans les vertus du catholicisme ou dans les aspects du dévouement, la part qui convenait plus spécialement aux attraits de leur nature. Toute la chevalerie, avec ses fiers blasons qui parlent d'honneur, de courage, de loyauté, de justice..., a obéi à cette loi. Les saints ont fait de même. Chacun d'eux n'a-t-il pas sa marque caractéristique? L'Église, dans l'oraison qu'elle leur a consacrée, a pris soin de distinguer la note originale que leur vie a rendue.

Ceux qui ne sont pas du siècle des chevaliers, ceux qui, sans avoir l'âme ardente des saints, portent et sentent au dedans d'eux-mêmes des vouloirs généreux et des désirs d'ascension, ont également résumé leurs pensées et leurs aspirations dans l'amour et la poursuite d'une vertu aimée entre toutes. Leur âme, prise avec effort dans un point supérieur au niveau où étaient d'abord les autres courants de leur vie, est montée tout entière à

la hauteur de la partie domi-
nante.

C'est ainsi que le P. Lacordaire
résumait en deux mots l'idéal de
vie qui était l'objet de son ambition : « Vivre obscur et bon. » Pa-
reillement, dès l'âge de quatorze
ans, Montalembert s'était tracé un
but : « Travailler dans la vie publi-
que, par la parole et par la plume,
à défendre l'Église et la liberté. » A
dix-huit ans, il se fit un règlement
austère d'où il exclut les bals et
les théâtres, ne consacrant ses loi-
sirs qu'à sa mère et à ses amis, et
prolongeant son labeur jusqu'à
une ou deux heures du matin.
« Que ne puis-je, disait-il, me laisser absorber par la seule passion
qui me semble digne du cœur de
l'homme, celle de Dieu et des
choses divines ! » Aussi sa vie mon-
ta toujours, et, le moment venu,

donna aux lettres, à l'éloquence, à la France et à l'Église le plus beau tribut peut-être que le XIXe siècle vit apporter à toutes ces saintes causes.

III

IDÉAL PROFESSIONNEL
ET IDÉAL RELIGIEUX

Toujours en vertu de son impuissance à saisir dans une vue d'ensemble le tout des choses, l'homme a encore distingué l'idéal professionnel et l'idéal religieux.

L'idéal religieux comprend l'adoration et l'amour que nous devons rendre à Dieu le Père, en union avec notre Rédempteur, Jésus-Christ. Pour cela, nous recevons de Jésus-Christ et de l'Église tous les moyens qu'ils mettent à notre disposition pour la recherche de Dieu en esprit et en vérité : souci

constant de notre perfectionnement, prière, confession, communion, pratique du renoncement,
amour de nos frères.

L'idéal professionnel assure la
connaissance et l'accomplissement
de nos devoirs d'état : c'est le type
de perfection convenable à notre
vocation, c'est la façon dont nous
entendons exercer notre carrière.
La tâche professionnelle demande
chaque jour nos soins les plus
attentifs. Nous ne devons ni lui
ôter une heure de temps qu'elle
réclame, ni lui refuser aucun sacrifice. *Avant*, elle demande la pré-
voyance ; *pendant*, l'attention et
l'effort ; *après*, une nouvelle réflexion et parfois le redressement.

L'idéal professionnel et l'idéal
religieux nous font ressouvenir que
nos compagnons de labeur, les
ouvriers qui travaillent sous nos

ordres, les domestiques qui nous servent ont droit à notre dévouement et à nos sympathies, et que jamais il ne nous est permis de les traiter à la façon de choses sans âme. La religion nous montre en eux des égaux en tout ce qui est essentiel à l'homme, plus que cela : des fils de Dieu comme nous et, par conséquent, des frères. En nos temps surtout, les catholiques ont de particulières raisons d'envelopper ceux de leurs frères qui travaillent et qui peinent, d'un amour efficace, de cet amour qui achève et perfectionne tout, sans lequel tout le reste n'est rien, mais qui lui-même n'existerait que de nom s'il ne s'appuyait sur une justice totale.

CHAPITRE IV

La poursuite de l'Idéal

I

COMMENCEMENT DES DIFFICULTÉS

L'idéal une fois conçu et étudié, sous ses différents aspects, par l'intelligence, notre imagination sera appelée à lui composer une parure glorieuse et, s'il se peut, un émerveillement de beauté ; notre cœur lui communiquera cette qualité supérieure sans laquelle aucune œuvre n'est vraiment belle : la vie,

et lui donnera son meilleur amour. Car l'idéal demande à être environné de clarté, à être orné de charmes et de grâces, j'allais dire de séductions.

Le culte que demande l'idéal n'est ni uniquement ni avant tout un culte d'intelligence et de sensibilité. Concevoir un idéal et le revêtir de beauté n'est qu'un point de départ. S'arrêter là serait une trahison. Qu'a-t-on fait si on s'est contenté de regarder le vrai et le beau ? On est demeuré dans le pur intellectualisme, on a fait œuvre creuse de dilettante, œuvre chimérique de rêveur et de pêcheur de lune. Les âmes ne se jugent pas d'après la grandeur de leurs aspirations. N'a-t-on pas écrit, au contraire, que « les faibles ont, en général, des rêves bien plus beaux, bien plus nombreux que les forts, car toute leur énergie, toute leur activité s'évapore dans leurs songes. La hauteur d'un rêve habituel n'entre en ligne de compte, quand il s'agit d'évaluer notre hauteur morale, qu'autant que ce rêve est l'ombre prolongée d'une vie antérieure et d'une volonté déjà très ferme, très expérimentée, très humaine. » (Mæterlinck.)

Rien de plus facile que les théories de sacrifice et de dévouement, rien de plus facile encore que l'admiration du bien chez les autres. Ce n'est pas assez. Schopenhauer a beau célébrer les splendeurs de l'héroïsme ou offrir un sabre d'honneur à l'un de ses amis qui va combattre l'ennemi, il ne sert ni sa patrie ni l'héroïsme lorsqu'il prend la fuite et se cache.

La période du grand labeur commence avec la réalisation de

l'idéal. Car si l'idéal est un attrait, il est aussi un défi. Il provoque l'homme vers les sommets ; il lui fait sentir en même temps avec quelle pesanteur il est attaché à la terre par le fait de sa nature corrompue. Combien grande est la disproportion entre ce que nous nous proposons et ce que nous sommes ! Comment combler l'intervalle entre ce que nous sommes et ce que nous voulons être? Nous nous le demandons avec anxiété, avec peur même. L'idéal a sa lumière et il est désirable de sa nature. Mais cette lumière est intermittente, et, alors même qu'elle luit, elle n'est pas dégagée de toute obscurité, et le bien montré par l'idéal ne s'obtient que par le sacrifice d'autres biens, moins nobles assurément, mais très présents et très pressants !

Lorsque l'idéal n'est encore que dans l'intelligence et dans l'imagination, il est plein de sérénité et de charmes ; nous le plaçons à la cime de tout. Dans la pratique, il n'en est plus ainsi ; nous nous laissons captiver par des appas plus faciles. L'idéal, comme un ange qui prendrait notre vêtement corporel, perd alors de sa splendeur éthérée ; il entre en contact avec les rugosités et les vulgarités des choses et des hommes ; il est plus difficile à reconnaître et à suivre. Toutefois, malgré les apparences, il garde sa beauté native et son droit de commandement. Les âmes qui cesseraient alors de le suivre manqueraient au devoir.

Une fois de plus, nous entendons la plainte éternelle et le gémissement intime de l'humanité, le cri angoissé d'Ovide et de saint Paul.

« L'homme supérieur, a écrit Ernest Hello, est déchiré par l'opposition de l'idéal et du réel. » Il voit le bien et il fait le mal. Mais il ne le fait pas sans remords. Si tombé qu'il soit, il est visité par des souvenirs tout célestes :

Malgré nous l'Infini nous tourmente.

Si nous sommes faciles aux entraînements du mal, c'est la gloire de notre nature que nous n'y demeurons pas en paix et que des attraits profonds et vivants nous portent vers le bien. La pure vision du bien traverse nos mauvais rêves et nous sollicite à marcher vers lui. Dieu a mis sa marque sur nous : c'est fini. Nous ne pouvons plus l'oublier. Ce germe de la vie divine subsistant dans les profondeurs de notre être nous rappellera de mille açons que la terre ne nous retient qu'un jour et ne nous donne que le néant, c'est-à-dire trop peu.

II

UTILITÉ D'UNE DEVISE

Un moyen de mieux fixer l'idéal et de lui donner plus de force, c'est, pour ainsi dire, d'en faire passer l'âme dans une formule.

Je vous conseille de prendre une devise, de résumer en quelques mots expressifs et rapides les désirs qui sont au fond de votre âme.

L'auteur de l'*Imitation*, psychologue très averti, savait la puissance que recèle une devise. Très souvent il s'arrête au milieu des réflexions qu'il suggère. Il veut fixer dans la méditation l'esprit de son lecteur,

Il l'invite à revenir souvent sur un mot, sur une idée, afin que ce mot et cette idée se burinent en lui :

« Mon Dieu et mon tout : c'est assez dire à qui l'entend et le redire sans cesse est doux à celui qui aime.

« Sois vigilant et fervent dans le service de Dieu, et fais-toi souvent cette demande : Pourquoi es-tu venu ici et pourquoi as-tu quitté le siècle?

« Souviens-toi de la résolution que tu as prise. Mon fils, dis en toutes choses : Seigneur, qu'il en soit fait ainsi si c'est votre volonté... je suis prêt à vous servir en tout.

« Retiens bien cette courte et profonde parole : Quitte tout et tu trouveras tout.

« Je suis là où est ma pensée; ma

pensée est d'ordinaire où est ce que j'aime... »

De son côté, Bossuet, prononçant l'oraison funèbre de Condé, dit que « c'est la maxime qui fait les grands hommes ». Cherchons pourquoi et comment.

L'esprit humain est porté à généraliser. Il lui plaît, au sortir de l'analyse et des détails, de formuler des principes synthétiques, de cataloguer les choses et de subordonner les parties au tout. Le choix d'une formule répond à cette tendance. La devise résume toute l'orientation de notre vie et inspire les différents actes qui s'échelonnent dans le cours de nos journées. Mais, pour imprimer à notre activité la forme qui convient, pour faire donner à nos facultés leur meilleur rendement, notre devise ou l'idée dominatrice de notre vie doit jaillir du fond le plus intime de notre âme, elle doit être la résultante de nos aptitudes intellectuelles et physiques; elle doit s'adapter aux divers éléments qui concourent à former notre être moral avec ses notes et ses particularités distinctives, avec même son degré de conformation aux milieux et aux autres circonstances qui, du dehors, réagissent sur nous. Elle est alors la règle féconde qui gouverne toutes nos capacités, les tient sans cesse en éveil, les stimule et leur fait produire leurs actes avec méthode et facilité.

Ah ! le pouvoir magique d'une parole, lorsque cette parole évoque un grand amour ; lorsqu'elle vient d'un père, d'une mère, d'un ami ; lorsqu'elle renferme l'histoire d'une partie de notre existence : lorsqu'elle a jailli de nos lèvres, un jour, sous le coup d'une émotion qui a partagé notre vie en deux ; lorsqu'elle a été longtemps cherchée pour traduire les pensées et les sentiments que nous voulons toujours être nôtres désormais ! Demandez-le aux vieux chevaliers, demandez-le à tous ceux qui ont compté pour quelque chose dans les annales de la vertu et du dévouement, demandez-le à toute âme

« Qui se rapproche de Dieu sans s'éloigner
[des hommes. »

Tous ceux qui ont été épris d'idéal ont retenu une « courte et profonde parole » : François d'Assise, irradiant, de toute la distinction et de toute la magnanimité contenues dans une âme exquise, son idéal de pauvreté et d'amour, et répétant sans cesse cette parole qui donnait tout le mouvement à sa vie : « Mon Dieu et mon tout » ; Ignace de Loyola, qui, dans sa devise, traduit expressément la loi et le but de l'idéal : *Ad majorem Dei gloriam* ; Jean de la Croix, impatient jusqu'à la passion de ce que les autres hommes fuient le plus : la souffrance et le mépris ; François de Sales s'éloignant de la maison paternelle pour venir étudier à Paris et choisissant ces deux mots comme principe directeur de sa vie : *Non excidet*, il ne dégénérera pas ; Newton, qui, interrogé sur les moyens qu'il avait employés pour découvrir la loi de la gravitation universelle, répondait : « En y pensant toujours » ; Pasteur ne vivant plus que pour cette science heureuse qui se tourne tout entière à procurer le bien du prochain, et qui, pour préserver l'existence des autres, expose sans cesse la sienne, au milieu de mille germes de mort ; Bernard Palissy, jetant ses derniers meubles dans la fournaise qui va enfin lui donner les tonalités chatoyantes et les nuances féeriques de · l'émail ; Tennyson, qui, tout enfant, commence de s'écrier : « Décidément, je veux devenir célèbre » ; et, dans un ordre moindre mais toujours grand, ce jeune homme, longtemps négligent, qui a promis à son père de travailler et qui inscrit sur tous ses cahiers et sur tous ses livres : « Souviens-toi », et qui de l'amour de son père arrive par le « Souviens-toi » à l'amour de d'étude et du devoir.

L'Évangile est rempli de formules qui incitent à tendre vers l'idéal éternel. Il serait facile, parmi tant de paroles tombées des lèvres du

Christ, d'en trouver quelqu'une qui répondît plus exactement à notre caractère. Mais chacun reste libre de composer lui-même sa devise. Pas n'est besoin de faire remarquer combien la connaissance de nous-même nous aidera à formuler cette idée centrale, destinée à renfermer, pour ainsi dire, le tout de notre âme et à devenir la loi même de notre vie.

III

NÉCESSITÉ DE L'EFFORT

Cependant la formule n'a toute sa puissance que si elle est l'expression d'une volonté fortement délibérée. La volonté est la grande ouvrière d'idéal. Parmi toutes nos facultés, elle seule possède un rôle actif: elle seule agit par elle-même et met toutes les autres en mouvement; elle seule est génératrice d'effort. Or l'idéal ne se laisse approcher qu'à l'effort. « La loi de toute existence est le progrès, la marche en avant, remarque Fonsegrive, et cette marche ne peut se produire sans une force de propulsion inhérente à l'être, sans une dépense de cette force, sans un effort. » Il faut combattre, il faut se sacrifier, il faut vouloir.

Les difficultés surgissent de toutes parts dans la poursuite de l'idéal ; elles s'élèvent à l'intérieur et à l'extérieur.

En nous tout ce qui est appelé à favoriser l'idéal peut également, à certaines heures, se tourner contre lui. L'intelligence se demande alors si ce qu'elle prenait pour la vérité n'est pas l'effet d'un mirage. La sensibilité s'interroge pour savoir si ce n'est pas à faire resplendir une chimère qu'elle a employé ses ressources magiques. Et la volonté n'a plus de support.

Au dehors, les utilitaires, les désenchantés, les blasés ne manquent pas qui parlent d'idéals périmés, qui raillent toute ambition généreuse et ne cherchent que des combinaisons confortables et des plaisirs faciles.

Moments douloureux que ceux où le bien trouve coalisé contre lui ce double et terrible ennemi ! Grâces à Dieu, on peut en sortir vainqueur.

Quand les étoiles sont cachées dans les cieux et que le voyageur n'a, pour guider sa marche à travers la nuit, que la pâle clarté d'une lampe aperçue à travers le feuillage, il s'avance dans la direction de la petite flamme. Et quand celle-ci lui est voilée par les accidents de la route, il se rappelle qu'elle a lui, qu'elle est là encore derrière l'obstacle qui la dissimule, qu'elle lui assure un abri, et sans la voir, il va encore vers elle. Ainsi fait le jeune homme, lorsque quelque nuage voile momentanément son idéal. Il se souvient que dans le temps où sa raison était lucide et son cœur droit, il s'est proposé un noble emploi de sa vie, et, attendant que le soleil des jours radieux se lève, il chemine à travers l'obscurité vers le but naguère fixé.

Il voit aussi les travaux, les occupations, les joies des autres, de ceux qui voudraient l'entraîner à leurs fêtes, et il les juge. Il se dit que, devant sa conscience, sa famille, son pays, son Dieu, sa vie vaut mieux que la leur et il continue sa tâche avec fidélité. Loin de se laisser aller au courant qui emporte les vulgaires et les mauvais, il espère que son exemple en ramènera quelques-uns dans le devoir.

Pour beaucoup
Si la foi n'est qu'un mot et l'espérance un
[doute,

Si par la nuit un peuple est surpris dans sa
[route,
Quelques hommes pour tous gardent le feu
[vivant.

Et si ce n'est pas seulement le trouble mais la chute avec ses hontes et ses douleurs, il ne reste pas à terre. Il fait comme l'enfant qui essaie ses premiers pas, qui tombe en pleurant, se relève pour des essais plus heureux et finalement marque le sol d'un pied assuré.

Ainsi, de l'Évangile médité, du Christ contemplé comme le modèle et comme le mètre sur lequel elle peut se conformer et se mesurer, l'âme revient à soi, à ses dangers, à ses espérances, à ses obligations. Après s'être tournée avec toute son attention vers le bien pour le connaître, elle se tourne de nouveau vers lui, avec toutes ses forces pour le chercher, et elle renouvelle chaque jour les élans et les essais.

Les dieux se font à coups de marteau,

a dit l'un de nos poètes ; les dieux, c'est-à-dire, les saints, les héros, les grandes âmes, les serviteurs utiles et victorieux des causes qui ne meurent jamais, parce qu'on est toujours prêt à mourir pour elles.

L'idéal ne se laisse comprendre que de ceux qui ont commencé délibérément à le poursuivre. « C'est par la pratique qu'il se développe, en vertu même de la loi générale qui préside à nos énergies ; c'est aussi par la pratique qu'il se révèle. Nous en prenons une conscience plus juste à mesure que nous le réalisons mieux et plus longtemps. Car à mesure que nous le réalisons de la sorte, il nous devient de plus en plus familier, de plus en plus intime, jusqu'à ce qu'il s'identifie avec nous-même : et c'est dans cette communion croissante qu'il se manifeste au regard de l'âme, vu que chacun sait dans la proportion où il reçoit en son esprit la nature de l'objet. La pratique parfaite de la vertu donne la connaissance parfaite de la vertu. » (Aristote; tr. Cl. Piat.)

—

IV

L'ŒUVRE DE TOUTE LA VIE

Une fois entreprise, la marche vers l'idéal ne cesse plus. Si ce n'est pas trop à l'artiste d'une vie entière pour réaliser dans une statue, dans une toile ou dans un livre son rêve intérieur de beauté, que ne sera-ce pas pour celui qui s'est proposé comme terme de ses élans et de ses efforts la beauté morale absolue, celle de Dieu même ? Le jeune alpiniste de la ballade américaine voulait toujours de plus hauts sommets. Rien ne l'arrêtait dans son ardeur des cimes : *Excelsior*, répétait-il devant chaque obstacle.

Plus haut! toujours! encore! au plus bleu
[de l'azur.

On dit aussi que Raphaël eut trois manières de peindre. Sa pensée montait à mesure qu'elle était traduite par son pinceau ; elle s'élevait toujours vers des régions plus lumineuses, vers des visions plus célestes ; il lui fallait demander à l'art, aux couleurs, à l'âme, de nouvelles formes, de nouvelles expressions. De même, les âmes généreuses ne se contentent pas des ascensions passées, elles fixent leurs regards sur les étapes futures, sur les points plus élevés. Aller au plus beau, au plus parfait est également la condition du progrès de l'âme dans la vie surnaturelle et celle du progrès de l'esprit qui veut accroître son domaine. Impossible que nous soyons jamais satisfaits de nous-mêmes.

Le Maître le savait bien, mais en plaçant si haut notre idéal moral, il a voulu provoquer indéfiniment notre essor et le faire tendre sans fin, par un progrès continu, vers un but d'autant plus poursuivi qu'on ne l'atteint jamais. Car

> L'idéal qui te fuit, l'idéal qui t'obsède
> A l'infini pour reculer...

D'ailleurs, le jeune chrétien, qui s'arrêterait dans la poursuite de l'idéal, ne tarderait pas à déchoir. L'équilibre stable n'existe pas dans l'ordre moral. L'âme, qui cesse de se porter vers le bien par un vigoureux élan, sera vite appesantie par les passions mauvaises et elle tombera toujours plus bas, dans ce que Dante appelle « les cercles descendants de l'iniquité ».

V

RÔLE DE L'EXAMEN DE CONSCIENCE

Rien ne remplace l'interrogation sérieuse que nous nous faisons subir à nous-même sur les différents articles de notre programme d'idéal.

Faisons donc cet exercice :

Est-ce que la prière est pour moi l'entretien intime et simple d'un enfant avec son père ? Est-ce que j'y apporte le respect, la confiance, l'amour réclamés dans l'Évangile pour les prières efficaces ? Les mots se suivent sur mes lèvres sans qu'aucune pensée et aucun sentiment les accompagnent dans mon âme. J'entre négligemment à la chapelle, je m'agenouille sans recueillement; je regarde, je cause, je suis distrait; je sors précipitamment. A aucun moment, je n'ai eu l'attitude d'esprit et de corps de celui qui prie vraiment. « Vous n'avez pas été exaucés, disait autrefois le Christ à des gens qui entendaient et pratiquaient la prière comme moi, parce que vous priez mal. »

Est-ce que la confession est pour moi la rencontre humble et désirée du coupable avec son juge, de l'enfant ingrat avec un père toujours tendre; l'acte où j'apporte mon repentir avec mes fautes, où Dieu me donne son pardon, en me disant cette parole mise en pratique : « Va en paix, et désormais, ne pèche plus. » Chaque semaine ce sont les mêmes fautes, les mêmes promesses d'amendement, les mêmes rechutes. Qu'est-ce qui me manque donc ? Est-ce la loyauté ? Est-ce le courage ?

Est-ce que l'hostie de la communion qui m'apporte le Christ, devenu ma nourriture par amour, m'apporte aussi la vie de Jésus ? Met-elle dans mon existence les pensées, les vouloirs, les sentiments, les affections du Sauveur ? Et si elle ne le fait pas, où donc est le fruit de mes communions ?

Est-ce que je suis persévérant dans l'effort sur moi-même pour donner à mon âme le développement continu et la surnaturelle beauté auxquels Dieu m'exhorte ? Est-ce que chaque jour j'ajoute quelques pas nouveaux aux pas faits la veille dans le sentier du bien ?

Mes devoirs d'état ? Ils sont

comme l'ossature de ma vie morale, le cadre où ma pensée et mon amour se traduisent quotidiennement en actes. Ils sont le devoir sous sa forme la plus élémentaire et la plus fréquente, ils sont révélateurs de ma conscience et indiquent aux autres hommes comment je comprends ma tâche et quelle confiance ils peuvent avoir en moi.

Quelle impression le prochain emporte-t-il de mes relations avec lui, de mes attitudes à son égard? Suis-je le frère plus fortuné qui fait une large part à ses frères moins heureux des avantages matériels, intellectuels et moraux qu'il possède? Ou bien, dédaigneux d'autrui, soucieux de mes seules aises, n'ai-je pas cherché à me renfermer dans un bonheur égoïste?

Mes amitiés — les amitiés qui

montrent le fond de l'âme —
sont-elles à base d'honneur, de
distinction, de vertu ? Ne sont-elles
pas plutôt une association pour
servir à la satisfaction de ma vanité,
un rapprochement pour flatter ma
sensibilité, et abîmer comme fata-
lement jusque dans la sensualité
les restes chancelants de ma vertu ?

Tous ces éléments entrent dans
la composition de mon idéal et le
qualifient. Mon idéal vaudra ce
qu'ils valent, comme le collier vaut
ce que valent les perles.

VI

L'IDÉAL A NOTRE ÉPOQUE

Mais que dit-on ? On dit que l'idéal s'est envolé du milieu de nous. Les hommes sont descendus des sommets où l'humanité était montée aux siècles de foi. Depuis qu'on leur a voilé le ciel, ils pensent surtout à jouir de la terre. Les doctrines d'athéisme, de matérialisme, d'évolution sans principe et sans liberté ont produit ce résultat. L'homme s'est trouvé rejeté en face du *fatum* des anciens. Le Dieu Providence, attentif à tout mouvement de sa créature, a été remplacé par la fatalité sans yeux et sans cœur, qui écrase le monde plutôt qu'elle ne le conduit.

Une preuve, entre autres, semblerait conclure à cette disparition. Récemment une enquête était faite qui réunissait 1.600 réponses à cette question : « A quoi rêvent les jeunes gens ? » Or, dans toutes ces nomenclatures d'idéal, nulle trace d'idéalisme. De plus, un de nos députés (M. Gautier de Clagny), prié de donner sa pensée sur les causes des maux qui désolent la France, a écrit : « Ces causes sont multiples. La principale d'entre elles, c'est la destruction de tout idéal. Aujourd'hui, plus de foi religieuse, plus de foi patriotique, plus d'esprit de sacrifice, plus de sentiment du devoir : chacun veut, avant tout, vivre pour jouir. La flamme sacrée s'éteint. Morts les enthousiasmes, mortes les espérances. La nation souffre comme souffre le chrétien qui a perdu sa foi. Son ciel est vide. »

Qu'en est-il de ces affirmations et de leur généralité? Nous le savons : des âmes nombreuses portent encore en elles le germe sacré de l'idéal et peu à peu le communiqueront à toute la nation. Ce n'est pas en vain qu'on a nommé la France la terre gardienne de l'idéal, la terre élue où germent les véritables productions de la beauté morale. Ailleurs, il y a plus de vues pratiques, plus d'attache au sol, plus de sens des réalités ; chez nous il y a plus d'élan, plus de générosité, un amour plus grand des belles et saintes choses. Et parmi les Français, les jeunes sont les plus épris. Jamais la jeunesse française ne consentira à faire siens

les blasphèmes du poète pessimiste et impie qui a dit :

Les derniers dieux sont morts, et morte est
[la prière :
Nous avons renté nos héros et leurs lois ;
Nul espoir ne reluit devant nous ; et derrière
Ils ne renaîtront plus les rêves d'autrefois.

VII

LE MOT D'ORDRE

Souvenez-vous, jeunes gens, que la première condition d'une grande vie, c'est de se proposer une grande ambition. Travaillez chaque jour à vous soulever au-dessus de terre, en vous éloignant des basses intrigues, des passions mauvaises, et des calculs égoïstes ; envolez-vous à grandes ailes vers l'idéal. Et puisque l'idéal est parmi nous l'arche sainte qui renferme le secret de nos relèvements, de nos espérances et de nos victoires, soyez les lévites, au cœur ardent et au bras fort, qui porteront cette arche, comme un symbole de résurrection, partout où il y a des Français qui peinent, qui travaillent et qui attendent, et comme un appel au courage et à l'effort, partout où il y a des Français qui sommeillent ou qui désespèrent.

Lancez dans l'idéal vos cœurs inassouvis.
Plus haut ! toujours plus haut vers ces hau-
[teurs sereines
Où les doutes railleurs ne nous parviennent
[plus !
Plus haut dans le mépris des faux biens qu'on
[adore,
Plus haut dans ces combats dont le ciel est
[l'enjeu.
Plus haut dans vos amours ! Montez, montez
[encore
Sur cette échelle d'or qui va se perdre en
[Dieu.

DEUXIÈME PARTIE

QUELQUES EXEMPLES D'IDÉAL

QUELQUES EXEMPLES D'IDÉAL

UN MOT D'EXPLICATION

Je l'ai dit dans les chapitres qui précèdent : Parmi toutes les pensées et toutes les aspirations qui séduisent le plus fortement l'âme du jeune homme, l'élèvent au-dessus des préoccupations vulgaires et l'arrachent au gaspillage des journées, il en est peu qui exercent plus d'empire et un meilleur que la pensée et la recherche de l'idéal.

Pourquoi la vie vous est-elle donnée et qu'en voulez-vous faire ? Quel but voulez-vous donner à vos pensées, à vos sentiments et à vos actes ? Quel aliment fournirez-vous à votre intelligence, à votre cœur, à votre volonté, pour que votre existence soit ce qu'elle doit être vis-à-vis de Dieu, vis-à-vis des autres hommes, vis-à-vis de vous-même ?

Sous ces questions, j'ai vu des jeunes gens s'éprendre, peu à peu ou soudainement, de la passion du bien, dédaigner les joies faciles, multiplier l'effort, marcher intrépides vers les sacrifices pénibles, devenir des volontés, rayonner l'énergie, étonner ceux qui n'étaient habitués à voir en eux que des esprits aimables et des caractères charmants, être des conseillers et des soutiens vers qui allaient les faibles et parfois les désabusés, s'imposer comme des valeurs incontestées aux yeux de leurs chefs et de leurs inférieurs, vivre enfin, dans la plénitude de leur être et de leur vocation, c'est-à-dire, être très grands et très heureux en eux-mêmes et très bienfaisants pour les autres.

Aussi, à chaque fois que j'ai rencontré une âme généreuse, capable de recevoir la lumière et d'aimer le bien, je lui ai demandé de se fixer un idéal, d'y penser souvent, d'y tendre toujours.

Voici quelques-unes des réflexions et des résolutions qui ont été ainsi provoquées.

J'avais écrit à l'un de mes jeunes amis pour lui demander sa conception de l'Idéal. Il m'a répondu par une lettre où, sans aucune préoccupation littéraire, il me livrait sa pensée, telle qu'elle se précisait au fur et à mesure qu'il écrivait. Cette lettre n'est donc qu'une ébauche. Son auteur ne l'a pas retouchée. A quoi bon d'ailleurs ? Il aurait poli les phrases ; il n'aurait eu rien à changer aux idées ; il n'aurait peut-être qu'amoindri ce qu'il avait donné du premier coup : l'impression spontanée et sincère de son âme.

J'ai également laissé dans leur forme première les autres lettres que j'ai reçues ou les notes qui m'ont été communiquées. Quand j'ai demandé à mes correspondants d'utiliser ces documents, ils ont accueilli très aimablement ma prière. Ils n'ont pas la prétention d'éblouir le lecteur par les richesses ou les grâces du style ; ils n'ont que l'ambition de faire un peu de bien. Je les remercie et je les félicite.

CONCEPTION DE L'IDÉAL CHEZ UN
JEUNE QUI SE DEMANDE S'IL SERA
MILITAIRE, INGÉNIEUR OU LITTÉ-
RATEUR.

24 juillet 1909.

CHER MONSIEUR L'ABBÉ.

... Vous me demandez mes
idées sur l'Idéal. Mais il faudrait
d'abord définir... Vous savez le
vieux bateau du vieux Descartes...
Un missionnaire se fait manger
par les sauvages : on dit qu'il
meurt pour un idéal... Un chercheur d'or endure la faim et la
soif, brave les pires dangers, les
pires souffrances, et crève sur son
placer de la fièvre ou d'un coup
de couteau. Peut-on dire qu'il est
mort pour un idéal ?... Je ne crois
pas. Et pourtant il a pu, ma foi.

montrer autant d'héroïsme et de constance que le missionnaire. Ce qui prouve que les actes dans la vie ont peu de valeur, et qu'il faut avant tout rechercher leurs motifs et leur but. Or ici, on dira que le chercheur d'or poursuit un but intéressé et que ce but intéressé est de se procurer les jouissances naturelles que donne la grande fortune, et l'on remarquera que le missionnaire ne poursuit aucun but intéressé, qu'il ne touche aucun salaire et qu'il ne récolte aucune satisfaction matérielle : d'où la valeur différente de ses actes, si différente qu'on ne voudra même pas les comparer à ceux du chercheur d'or.

Mais déplaçons un peu la question, et, au lieu du missionnaire, prenons un martyr et spécifions que ce martyr n'a accepté les tourments et la mort *uniquement* que pour acquérir la félicité éternelle à laquelle il croit et qu'il perdrait en abjurant. Voici par exemple un motif de pur intérêt personnel. Pour ma part, je le trouve... dussé-je me faire anathématiser... assez comparable au motif de notre aventurier de tout à l'heure. Dans les deux cas on a des individus courageux, endurants, d'une force de caractère très grande. Il y a simplement que le but intéressé du martyr en question est plus haut, plus loin, et exige pour qu'on se sacrifie à lui cette grandeur d'âme toute particulière qui consiste à faire crédit à Dieu jusqu'après la redoutable énigme de la mort.

Mais établissons encore une classe et prenons un homme qui a la notion du bien et du mal, d'une vie bonne et mauvaise et qui trouve dans la religion catholique la méthode la plus rationnelle pour réaliser la vie la meilleure et la plus vertueuse; cet homme, travaillant sur lui-même, et ayant la notion que plus il se rapproche de la croyance catholique entière, plus il améliore, élève, grandit son âme, peut être amené à souffrir la persécution. Comme le fait d'abjurer ou de se cacher serait en contradiction avec tout son progrès moral et même porterait à ce dernier un préjudice dont sans doute il ne se relèverait pas, si cet homme endure les vexations et la mort, à mon avis, cette fois il souffre pour ce qu'on peut appeler un Idéal.

Vous voyez que, dans ma conception actuelle, l'Idéal est une chose évidemment soumise à de nombreuses restrictions, mais extrêmement variable, subjective, personnelle. Tout individu peut avoir un idéal, s'il a la notion de ce que c'est que le progrès moral et la différence de valeur qui peut exister entre différents genres de vie. Ce qu'il y a de remarquable, c'est que deux individus peuvent avoir deux idéals très différents et accomplir pour les réaliser des actes exigeant des qualités sensiblement identiques.

Mais l'important, c'est d'avoir un idéal, peu importe lequel. Or je n'appelle pas avoir un idéal le fait d'en concevoir un platoniquement, d'y penser parfois, en fumant son cigare. Avoir un idéal, c'est travailler à le réaliser. Il n'est pas besoin pour cela qu'il soit nettement défini, d'une façon exacte et que rien ne doit modifier. Mais il est essentiel qu'il soit assez net pour provoquer des actes précis, et assez raisonné pour que, même si sa conception évolue dans l'esprit, ce soit d'une façon continue, de sorte que cette continuité s'étende à toute la vie qu'il influence, et lui donne la principale qualité d'une belle vie, l'unité.

Pour préciser tout ceci, nous sommes amenés à distinguer plusieurs aspects de cet idéal, mais en spécifiant qu'ils se relient étroitement. Il y a d'abord un idéal de vie matérielle qu'on veut réaliser. Ce n'est à proprement parler qu'un but. C'est la forme inférieure de l'Idéal, mais qui le côtoie. Par exemple, se dire : Je serai un gros financier avec beaucoup d'argent, est un but. Mais se dire : Je serai, par l'argent que je gagnerai, un des hommes

les plus puissants de ma nation,
de sorte que je j'influerai sur ses
destinées et que je prendrai part à
son gouvernement, est vraiment
un Idéal, et peut être un fort bel
Idéal, selon la manière dont on
compte user de cette puissance.

Il y a aussi un Idéal artistique
qu'on peut se donner, soit pour le
réaliser si on est doué, soit pour y
rattacher les œuvres d'art que l'on
rencontre et les émotions qu'elles
nous causent.

Enfin Il y a un autre Idéal, supérieur à ceux-ci, dont ceux-ci
doivent découler et qui doit sur-
vivre à leurs défaillances, à leurs
modifications, aux éclipses qu'ils
peuvent subir, c'est ce que j'appelle-
rai l'Idéal moral ; c'est-à-dire, le
classement que l'Individu doit établir entre ses pensées, ses désirs, ses

sentiments, ses volontés, ses qualités ; mettant les uns au-dessus des autres et faisant un effort constant pour réaliser les plus haut placés, de préférence à ceux qu'il a relégués au bas de l'échelle. Et ici, nous trouvons une infinité de cas possibles.

Le moine contemplatif, en embrassant sa vie, a effectué ce classement ; il a mis en haut de l'échelle la patience, la douceur, la résignation, etc... ; il a relégué en bas tous les défauts opposés : il a relégué aussi bien des qualités, l'audace, l'ambition, la curiosité sous ses formes très hautes du désir de voir et du désir de savoir... Il a un Idéal.

Le conquérant colonial — celui de haute valeur, s'entend — a effectué lui aussi un classement : il a mis en haut l'audace, l'endurance physique, le sang-froid, la décision, la vigueur morale et corporelle... en bas bien des choses, et b'en des choses bonnes, mais il peut avoir un idéal moral quand même.

Dès à présent nous voyons comment il faut, autant que possible, que cet idéal moral soit fixe et stable, à partir d'un certain âge, alors que l'idéal matériel, l'idéal artistique peuvent changer, mais dans la mesure où ils peuvent encore correspondre au premier. Et il est inutile d'insister sur l'étroitesse de leurs liens, puisque l'idéal moral inspire directement les actes de la vie et que l'idéal matériel est poursuivi par des actes ; puisque l'idéal moral catalogue les émotions et les sentiments et que la jouissance artistique a pour base des sentiments et des émotions.

... Il serait utile aussi d'étudier

le rôle de l'éducateur dans l'élaboration d'un idéal chez l'enfant. Mon avis est que ce doit être un travail personnel qui détermine cette élaboration. Le maître doit collaborer discrètement, créer une atmosphère favorable et développer l'initiative, le raisonnement, les émotions et sentiments primordiaux nécessaires à la conception de cet idéal...

Quoi qu'il en soit, l'important, j'y reviens, c'est que tout jeune homme ait la notion de l'Idéal tel que je viens de le définir, et il serait à souhaiter que pour beaucoup ce soit actuellement un idéal de force, même un peu brutale

Du reste, par le fait, qu'on cherche à en réaliser un, quel qu'il soit, l'énergie entre en jeu, et la lutte devient la nécessité quotidienne. C'est, à mon avis, la seule manière d'avoir une vie bonne et féconde. Je ne conçois pas les bonheurs calmes, les bonheurs négatifs. Il me faut toujours un désir plus grand que celui que je viens de combler, un but plus difficile que celui que je viens d'atteindre. Est-ce une forme de ma jeunesse appelée à bientôt disparaître ? Je ne sais. Mais je crois fermement que ce qui distingue les hommes supérieurs des autres, c'est qu'ils ont toujours assez de force et de ressort pour conserver une telle conception de la vie. Je sais qu'elle entraîne avec elle des inconvénients, des défauts, des souffrances. Mais elle peut être d'une merveilleuse fécondité. Je ne suis pas de ceux qui sont nés satisfaits. Mais ce qui me manque, ne le demande pas aux autres comme la lâcheté contemporaine le fait universellement en France. L'aboutissement de cette conception, c'est le socialisme intégral ; c'est-à-dire, l'abandon par l'individu de la lutte pour la vie, et, conséquemment, de la lutte contre lui-même. Quand on est né « non satisfait », il faut demander, avant tout, ce qui vous manque à soi-même, et puis il ne faut pas manquer uniquement des choses matérielles, mais aussi des richesses morales et lutter simultanément pour acquérir dans les deux sens. C'est la véritable lutte pour la vie, pour une vie plus forte, plus heureuse et plus belle.

Au revoir, cher Monsieur l'abbé. Que pourrez-vous tirer de ce galimatias ? Pas grand chose. Mais mon cœur y est.

Bien affectueusement à vous,

M. S.

Idéal d'un élève « Postard »

Voilà les études secondaires terminées ; l'avenir se précise ! C'est à la « Rue des Postes » que l'on a décidé de me faire préparer mes examens. — M'y voilà : vie nouvelle, études nouvelles, règlement nouveau, maîtres et camarades nouveaux ! Jusqu'à présent qu'ai-je été ? On m'a instruit et prudemment guidé ; mais, je deviens homme, et il me faut commencer à être *moi-même*. Voilà le but !

I. — IDÉAL INTELLECTUEL

Examens en vue. — Ce n'est plus une moyenne qu'il faut atteindre, mais ce sont des candidats qu'il faut surpasser. Viser au plus et faire toujours mieux.

— Moyen de préparation parfaite : *de la méthode !* Apprendre le cours au jour le jour ; ne pas se laisser arrêter par une « colle » ou une composition qu'il est préférable de sacrifier pour ne pas négliger le reste.

— Voir dans les mathématiques la formation du raisonnement et du caractère.

— Prendre grand intérêt à ces études, mais ne pas négliger la culture littéraire. — Savoir éviter *l'exclusivisme.* S'arranger de façon à avoir des vues sur *tout* : lectures, promenades, visites, sorties, tout cela peut y contribuer.

— En dehors des études : 1° s'exercer aux pensées nobles et élevées et à la *réflexion* : vie *intense* de l'esprit et du cœur, coordination des sentiments.

2° S'exercer à la conversation

fine et délicate avec les camarades : c'est un repos et une force !

— Étudier la religion dans son dogme et sa morale et s'intéresser aux études apologétiques. Leur utilité n'est que trop grande au milieu des erreurs modernes !

II. — IDÉAL MORAL. FOI

1° *Foi qui n'agit pas au dehors.*

— Dévotion à l'Eucharistie, où l'on puise la force et le courage ainsi que la consolation et l'espérance. Communion tous les jours.

— Avec Dieu on peut tout et dès lors tout converge vers Lui.

— Dévotion à la Sainte Vierge, particulièrement à la Congrégation.

— Absence totale de respect humain : meilleure école de virilité !

— Se bien connaître et s'apprendre toujours!

2° *Foi qui agit et inspire.*

— Esprit de charité.

— Camaraderie. — Amour du prochain. — Frottement avec tous sans distinction de caractère : parfaite garantie pour l'avenir et les rapports avec toutes sortes de gens.

Frottement plus particulier avec certains, après réflexion et conseils : amitié! — Elle est utile : « L'amitié est le plus parfait des sentiments de l'homme, parce qu'il en est le plus libre, le plus pur et le plus profond. »

— Soumission et respect de l'autorité. — Savoir faire la part des choses, ne rien blâmer de parti pris; savoir se mettre à la place des autres et déduire. — Savoir sacrifier de bonne grâce sa liberté dans l'intérêt de l'avenir : soumission au règlement. — Éviter le découragement que pourrait amener une observation.

Charité envers les pauvres. — Ne pas se désintéresser des œuvres de charité, s'y dévouer ; en tous cas ne jamais les tourner en ridicule : meilleure école pour se mieux connaître. — Dans un sens plus large : Faire sérieusement les choses sérieuses : visite des Pauvres, Patronages ; s'intéresser aux questions sociales !

— Être gai de cœur et d'esprit.

III. — CONCLUSION

C'est l'idéal visé : « *Esto vir!* » La force et le courage dans les moments difficiles et pour l'accomplissement du devoir :

Virilité !

La fierté de ses principes ; une règle de conduite bien tracée, à l'abri des attaques et des railleries :

Personnalité ! Humilité !

La convergence de tous les actes vers Dieu dont l'amour est la vraie richesse :

Piété !

J. Z.

———

Idéal d'un ingénieur
par un Élève de l'École Centrale

Ingénieur ! Noble titre ! — Ingénieur français ! Mieux encore : il est apprécié et réclamé par tous les pays !

Mais ne pas oublier que j'ai un *idéal* à poursuivre.

IDÉAL PERSONNEL ET FAMILIAL

1° *Personnel :* — a) *Vie intellectuelle et morale :*

Amour de la recherche et de l'étude. — Passion raisonnée de la science et de ses applications. — Humilité dans les succès. — Energie devant les épreuves et les contrariétés qui surviennent dans toute vie.

b) *Vie religieuse :*

Conscience toujours en règle avec Dieu et avec les hommes. — Pratique intense des devoirs du parfait chrétien. — Me considérer comme un ouvrier de Dieu, épris de son Œuvre (à laquelle il m'invite à collaborer), et par suite de Lui-même.

2° *Familial :*

Dévouement à ceux qui m'entourent immédiatement : épouse, enfants, domestiques.

a) Épouse : « Vous, maris, aimez vos femmes comme Jésus a aimé son Église ». (Saint Paul).

b) Enfants : éducation très suivie dès le premier âge. — Dressage avant initiative.

c) Domestiques : fermeté et bonté.

— En dehors du travail : repos, en compagnie des miens. — Intérieur paisible et gai ; le cercle de famille affectionné des petits et des grands.

Idéal social. — *Justice et charité.*

L'ingénieur, patron ou non, a des ouvriers à ses ordres. — Obligations, nées des conventions du contrat de travail.

a) *Dispositions intérieures* :

Amour du prochain : « Tu aimeras ton prochain comme toi-même ». — Vigilance. — Ferme sentiment des intérêts et des devoirs réciproques entre mes ouvriers et moi.

b) *Dispositions effectives* :

1° Bon exemple constant : vie réglée, pratique religieuse. — Apostolat religieux discret;

2° Fermeté dans l'observation des clauses du contrat (règlements, discipline), bonté;

3° Justes salaires ;

4° Procurer une habitation et une subsistance peu coûteuses (cités salubres, économats, sociétés coopératives) ;

5° Favoriser l'épargne (Caisses de retraites, de chômage, d'épargne):

6° Veiller à la bonne éducation

morale et religieuse des enfants de mes ouvriers (crèches, écoles) ;

7° Assistance équitablement proportionnée (tenir compte des différents besoins des familles, du nombre des enfants.....) — Charité faite de bon cœur. — J'espère trouver en mon épouse, particulièrement ici, une aide précieuse. Je compte beaucoup sur son influence et je m'efforcerai de l'intéresser aux questions ouvrières, afin de lui donner l'occasion de se dévouer, d'organiser, d'être bonne, et de faire le bien tant matériel que moral.

Conclusion

Ma vie est pour mon âme, pour ma famille et pour mes ouvriers.

J.

Idéal d'un Saint-Cyrien

Cher Monsieur l'Abbé,

.. Je reviens de l'église, où j'ai été consacrer à Dieu ma nouvelle vie par une bonne communion.

Ainsi je vais entrer dans cette vie que j'ai désirée si ardemment et depuis si longtemps; non seulement j'ai toujours aimé en elle la discipline, la résignation, le courage qu'elle impose; mais de toutes les carrières (je ne dis pas des métiers, car ce n'est pas un métier), elle m'a paru la plus noble et la plus désintéressée. C'est dans cette vie que je pourrai le mieux suivre mes anciennes traditions de famille, traditions de courage, de vaillance, d'ardeur et de justice,

car vous connaissez ma devise :
Ardens et æquum.

Et puisque maintenant pour être l'officier, il faut avoir été le soldat, je serai le soldat. Ainsi, je gravirai pas à pas l'échelle des dignités et des grades. Toujours je garderai ce principe : Avant de commander, il faut commencer par obéir. Devant mes chefs, j'observerai toujours le respect imposé par la discipline, car il faut voir en eux toujours non pas l'homme mais le supérieur ; devant mes camarades j'irai toujours droit mon chemin, conservant, avec l'aide de Dieu, mes habitudes et mes croyances religieuses, tâchant surtout de montrer l'exemple, car c'est à l'action et non aux paroles que l'on doit recourir. Devant les choses du métier j'obéirai scrupuleusement, tant que ce que l'on me commandera ne sera pas contre ma conscience. Ainsi je l'espère, mon année de soldat me donnera de la volonté par l'obéissance, de la force morale par l'exemple à donner et surtout de la résignation et de l'abnégation si utiles lorsque l'on est officier.

Officier je continuerai mon métier de soldat, en servant plus directement la patrie. Je consacrerai à cette carrière militaire mon intelligence, ma jeunesse. Mon cœur restera à mes amis et à mes hommes, et le jour où l'image très douce de la fiancée entrera dans ma vie, j'aurai conservé tout l'amour et la virginité de mon cœur.

Mais toujours, surtout aux heures pénibles, je conserverai les yeux en haut, j'élèverai toujours mon cœur vers le ciel : *Sursum corda...* toujours j'aspirerai vers l'Idéal seul capable de consoler et de faire oublier les rudesses de la vie... vers l'Idéal que nous montra si beau Notre-Seigneur Jésus-Christ : « Faire le bien autour de soi, toujours. »

Voici mes dernières pensées, avant d'entrer au régiment, cher Monsieur l'Abbé ; c'est à vous que je les adresse, et je compte bien, bien sur votre aide et sur vos prières pour m'aider à ne jamais faillir.

Je vous quitte, je vais franchir le seuil du quartier, gai, heureux, l'âme pleine d'espérance, d'Idéal.

Oui, toujours, *Sursum corda !*

A vous, cher Monsieur l'Abbé, d'un cœur très affectueux, dévoué et reconnaissant.

R. DE L.

Note écrite quelques jours avant l'entrée à l'Ecole Polytechnique

« Et moi, quand j'aurai été élevé
de terre j'attirerai
tout à moi. »

Mon Dieu, je vous prie et je vous aime. Je vous avais demandé, au début de cette retraite, d'empêcher que mes sens m'aveuglent et jettent leur voile sur mon âme. Mes sens sont restés calmes. Merci. C'est profondément reconnaissant, avec toute ma raison, que je viens vous remercier d'avoir protégé ces quelques heures consacrées à vous.

J'ai tenté, mon Dieu, de me rapprocher de vous. J'ai réfléchi sur moi et sur vous. J'ai réfléchi sur votre doctrine, et je crois.

J'ai réfléchi sur la vie. Elle m'est

d'abord apparue bien mauvaise, bien vile, et j'ai eu peur, parce que méprisant la vie, je me méprisais moi-même qui aime la vie.

Et puis, maintenant, je vois qu'il ne faut pas mépriser la vie. Il faut aimer la vie, mais l'aimer en vous, en l'amenant à vous. Il faut l'amener à vous en soi et puis l'amener dans les autres. Et la vie en vous sera belle et pure. Et cela ne se fait pas brusquement comme je le croyais jadis, d'un coup de volonté, sous le coup de fouet d'une émotion. Cela se fait lentement par l'effort constant et par l'amour constant.

Et je vous offre, mon Dieu, mon âme, mon âme avec tous ses défauts, son égoïsme, son orgueil, mais mon âme vibrante, mon âme que remplit la grande soif d'un grand amour, et qui comprend peu à peu qu'elle ne trouvera ce grand amour qu'en vous. Je vous l'offre mon âme pour que vous l'attiriez à vous peu à peu, au cours des luttes quotidiennes, des défaillances et des relèvements. Je vous l'offre pour que vous veniez en elle et que peu à peu elle vive en vous, elle respire en vous.

Et je vous offre mon amour du monde. Je ne veux pas le détruire cet amour, mais l'épurer. Vous êtes venu pour sauver le monde et l'attirer à vous : faites-moi servir votre divine mission. Et je vous offre aussi mon amour de la beauté, pour que vous me fassiez penser toujours que la suprême beauté est en vous et que toute manifestation humaine de la beauté est d'autant plus parfaite qu'elle est plus inspirée de vous.

Et je vous demande, mon Dieu,

de m'apprendre la beauté des âmes. Peu à peu je me détacherai ainsi de la beauté des formes et quand j'aurai une grande affection pour une belle âme dans un corps mal fait, je serai très près de vous et très loin des passions mauvaises qui obscurcissent ma vie.

Je vous demande d'inspirer aussi mes rêves de jeune homme et le grand désir qu'a mon cœur de se dévouer à ceux qui souffrent. Depuis bien des années je fais des rêves. Inlassablement je construis dans mon âme un idéal et j'échafaude l'avenir sur cet idéal. Mon Dieu, cette précieuse faculté du rêve et de l'espoir, tournez-la vers vous, parce que si elle va vers vous, toutes les déceptions et toutes les désillusions ne pourront la détruire et qu'elle restera toujours au-dessus des atteintes humaines.

Et voici que quittant cette calme retraite, je vais rentrer, ô mon Dieu, dans la vie du monde, et côtoyer de nouveau les terres lointaines où les âmes ont faim. Et comme je sais qu'en vous est le pain mystique qui apaise cette faim, je viendrai souvent chercher en vous le viatique de mon voyage.

Je reprends ma course au milieu des passions, des appétits, des mensonges. Mon cœur, de nouveau, dans ma nouvelle vie, va, comme dans l'ancienne, aimer les formes périssables, accrocher sa faim et sa soif aux illusions et aux ombres de ses rêves, et, de nouveau, il souffrira du grand vide qu'il trouvera toujours en tous les fantômes humains !

Mais je me soumets à cette marche au milieu des épines qui déchi-

'ent mon cœur, car ce chemin — je le sais, mon Dieu, — mène par le calvaire et par la croix à votre cœur; car j'ai compris que m'ayant donné l'amour de la vie, vous avez voulu que j'apprenne dans les épreuves et dans l'angoisse à chercher en vous le maître, le seul maître de la vie.

Et j'accepte toutes les douleurs et toutes les inquiétudes, décidé à ne jamais me laisser abattre par elles, parce que je sais qu'il doit en être ainsi pour l'accomplissement des vues que vous avez sur moi, et parce que je sais que je trouverai, un jour ou l'autre, la paix et l'harmonie de ma vie, lorsque par les voies étroites et dures de votre Providence, vous m'amènerez, épuré, fortifié, me reposer enfin dans l'épanouissement de votre amour.

Amare. Orare. Pugnare.

Idéal d'un élève de l'École Normale Supérieure, aujourd'hui agrégé et professeur de l'Université

... J'ai demandé à Dieu la grâce de faire de moi un saint.

Les saints ont suivi votre grâce, ô mon Dieu. Pourquoi ne la suivrais-je pas ?

Il faudra peut-être quitter ma profession, prendre ma croix et suivre Jésus, me livrer à la prédication. Je ne sais sous quelle forme tout cela se réalisera. Peut-être aussi Dieu me demandera-t-il de rester dans l'Université... Je le saurai en avançant.

Messe chaque jour, communion chaque jour, confession chaque semaine. Jeûne deux fois par semaine.

— Efforce-toi de porter vraiment le Christ dans ton cœur et dans tous tes actes... non seulement au moment de la communion, mais toute la journée... Pénitence à chaque faute.

Songe que je ne te veux pas passif. Sois actif. Songe à agir sur tous ceux que tu peux atteindre. Essaie de les rappeler, de les intéresser à des choses sérieuses. Essaie de faire pénétrer en eux l'amour actif de l'Évangile. (Jardinier du faubourg).

Il est temps encore. Vois : tu n'es qu'au commencement. Tu as le temps de tout faire. Agis, avance, sanctifie-toi ; accepte mes grâces courageusement.

— Mon Dieu, je m'étais ralenti dans mon premier amour. Vous m'avez éclairé. Je me suis cru arrivé au terme dès que j'ai eu la foi théorique. J'ai cherché la foi théorique avec l'espèce d'arrière-pensée que ce serait la fin de mes tourments. Alors je ne me suis plus tourmenté ; je suis devenu tiède.

Je sais maintenant que le tourment de la recherche de Dieu doit durer toute la vie. Que je ne trouve jamais cette paix qui n'est que dans la tiédeur, qui consiste à succomber, en dormant, aux tentations. O mon Dieu, la paix, c'est votre possession, seul bonheur véritable.

Je ne veux plus, par votre grâce, trouver de plaisir en ce qui n'est pas votre service. Qu'au contraire votre service me soit toujours agréable au sens surnaturel du mot ; non agréable à mes désirs de chair.

Que je fasse, chaque fois que je

m'approche des sacrements, un immense effort de sincérité, comme si je devais mourir après les avoir reçus.

————

Idéal d'un Séminariste

1. *In his quæ Patris mei sunt, oportet me esse.*

Une compétence professionnelle, donc une possession aussi parfaite que possible, en tout cas toujours améliorée, des sciences ecclésiastiques. Le séminariste, le prêtre ne peut certainement pas être idéal, s'il est ignorant, s'il est dépourvu de la science que tous les fidèles ont le droit de réclamer de lui, et qu'il a donc le devoir de leur fournir. Pas d'idéal en dehors du devoir, car le devoir et le bien ne font qu'un.

2. *Ignem veni mittere in terram, et quid volo nisi ut accendatur?*

Le séminariste doit avoir une piété éminente, avoir de la ferveur — *ignem* — un amour ardent pour Dieu, pour le prochain, pour la perfection de son âme ; cet amour sera la source de son zèle et de son dévouement apostolique, sans lesquels encore il ne remplirait pas sa mission et son devoir. Il faut de l'enthousiasme, du panache, de la jeunesse d'âme au séminariste, pour qu'il soit conquérant et sauveur d'hommes, comme il doit l'être.

L'idéal du séminariste se trouve donc dans la possession

a) Des sciences ou de la science ecclésiastique qu'il doit acquérir par l'étude et par la prière, et aussi par le sacrifice de toutes les lectures frivoles ou mondaines ou de simple agrément qui sont souvent très séduisantes, mais qui font perdre beaucoup de temps et empêchent enfin le séminariste d'être dans son domaine réservé. La science fera du séminariste, bien équilibré d'ailleurs de nature, un homme de jugement, informé des règles et l'empêchera de commettre une foule de fautes évidemment incompatibles avec l'idéal (Voir le dernier *Motu proprio* de Pie X).

b) De l'ardeur, de la sensibilité, je dis de la sensibilité et non de la sentimentalité. De la sensibilité dirigée par la raison et la foi, car car il est vrai, le mot de Pascal : « Rien ne se fait de grand sans la passion », et l'idéal et la grandeur ne sont qu'un. — La sensibilité religieuse, chrétienne, n'a-t-elle pas été en Notre-Seigneur et en tous ses saints ?

L'*urget nos* de saint Paul.

Le don des larmes. La charité.

Le séminariste acquiert cette sensibilité qui est en son âme comme une source vivante de sainteté, par la pratique des exercices spirituels, surtout de la méditation. *In meditatione mea exardescet ignis*

L'Idéal dans l'épreuve

Toutes ces pages répètent des échos joyeux. Elles ont été écrites par des jeunes gens qui sont à la veille d'entrer aux écoles de leur choix ou qui vont en sortir, l'avenir large ouvert devant eux.

Voici maintenant des fragments de lettres d'un candidat qui échoua, à limite d'âge.

P. de V. était l'honneur et la distinction même. Chez lui, une intelligence vive était aidée par un travail acharné. Les chances de l'examen tournèrent contre lui : il subit l'échec le plus inattendu.

Toutefois, si, à côté de lui, tous espéraient, il semblait, lui, avoir le pressentiment de la défaite. Quelques jours avant de se présenter devant le jury, il m'écrivait :

« Mon idéal se réduit à bien peu de chose, et pourtant, combien dur sera le chemin qui m'y conduira, s'il plaît à Dieu. Je ne veux qu'une chose : Ne pas avoir un seul instant la peur de vivre. »

Le dernier jour de l'examen a rivé. Vite il m'envoie ce « mot de deuil : Celui qui vous écrit a perdu tout espoir de réaliser son premier rêve. J'ai le vague dans l'âme et je ne sais quoi de dur qui se révolte en moi et crie, malgré tout à l'in-justice.

« Je suis navré, navré. »

De suite, il commence à se ressaisir par le côté du cœur :

« D'autres sont encore plus malheureux que moi. J'ai une bien mauvaise nouvelle à vous annoncer : Mon cher B. a la fièvre typhoïde... Il a grand besoin d'être remonté. Vous seriez très bon de lui écrire un peu.

« Cette journée de juillet sera une date dans ma vie et probablement un aiguillage. Je vois noir pour le moment devant moi. Les derniers jours d'examen m'ont rompu et mon énergie est à bout : J'espère que la douleur trempera ce cœur si souvent malheureux pourtant. »

Quelques jours passent.

« Je suis bien heureux de vous

dire que j'ai déjà pris le dessus.

« A quoi sert de penser à un passé plein de tristesse, quand on peut encore bien faire?

« Je m'étais habitué à l'idée d'être dans l'armée; je veux y aller. Les commencements seront durs, bien durs, j'en suis certain, au milieu de gens grossiers ou bien de gens de ma classe, qui n'auront pas les mêmes vues que moi et chercheront à m'attirer vers eux. J'envisage cet avenir avec calme et j'espère arriver... Je vais demander les colonies ou l'Est. Avant tout, je ne veux pas m'endormir dans la paresse. Dieu sera avec moi.

« Je voudrais que vous me rappelliez de temps en temps tous mes projets et mes résolutions, pour m'y ramener, si je m'en écartais et me communiquer un peu d'énergie nécessaire à certains moments. »

Il s'est engagé.

« Mon escadron, le premier, est celui qui travaille le plus ; j'y suis allé exprès.

« Je ne manque pas encore de courage quoique la vie soit dure et rude. Avec l'aide de Dieu, j'espère être le premier partout et pour tout dans mon régiment, et je le veux. »

P. DE V.

Il a tenu parole.

C'est l'idéal dans l'épreuve. Il a sa beauté triomphante ; les occasions de l'entrevoir et de le poursuivre ne sont pas rares dans la vie ; il devait avoir sa place dans ce volume.

TABLE DES MATIÈRES

DEUXIÈME PARTIE

Quelques exemples d'idéal

Ligugé (Vienne). — Imp. E. Aubin.